不愉快なことには理由がある

橘　玲

JN179491

集英社文庫

目次

Part1 POLITICS 政治

1 不思議なデモクラシー

2 有権者はバカでもいいのか？

3 カリスマとハシズム

4 不愉快な問題

Part2 ECONOMY 経済

7 愚者の楽園

Part3 SOCIETY 社会

8 特別な日本、普通な日本

9 日本人の「混乱」

10 いじめの進化論

Part4 ＬＩＦＥ人生

不愉快なことには理由がある

初出　「週刊プレイボーイ」
二〇一二年五月九日号～二〇一二年十月十五日号

本書は、二〇一二年一一月、集英社より刊行されました。

INTRODUCTION

たったひとつの正しい主張ではなく、たくさんの風変わりな意見を

本書では、2011年5月から12年10月にかけて、政治や経済、社会的事件など、私たちのまわりで起きるさまざまな出来事について日々考えたことを綴《つづ》っていますが、正しい主張が書かれているわけではありません。

いきなりの暴言で驚かれたかもしれませんが、その理由は三つあります。

ひとつは、私が、それぞれの問題についてはただの素人だということ。日本には、政治学や経済学、社会学などの優れた専門家がたくさんいます。彼らと同じ学問的レベルで〝正しい〟論述をするのは、そもそも素人には不可能です。

ふたつめは、多くの社会問題でなにが正しいのかわからないこと。これは、私たちの世界が不確実で、未来を誰も予想できないからです。複雑で緊密な小さな世界（スモールワールド）の話は次章でしますが、難しい説明がなくても、3・11の前は専門家の大半が原発の絶対安全を信じていたことを思い起こせばじゅうぶんでしょう。専門家が間違っているのなら、専門レベルの正しさを妄信することは破滅への道です。

三つめは、問題には必ず解《かい》があるわけではないこと。あるいは、解があってもそれが実現不可能な場合があることです。尖閣や竹島は日中・日韓の「問題」ですが、主権国家の集合体である近代世界は領土問題を解決する方法を持っていません。

こうした「不愉快な真実」は、あたりを見回せばいくらでも見つかります。世界には、1日1・25ドル（140円）未満で暮らす貧困層が13億人（途上国人口の22％）もいます。世界の貧困人口は経済のグローバル化によって大きく減少しましたが、それでも先進国と途上国の「経済格差」は道徳的に容認し得ないものがあります。

理論的には、こうした貧困問題を解決するのは簡単です。アメリカやヨーロッパ、日本などのゆたかな国が国境を開放し、無制限に移民を受け入れるなら、貧困に苦しむ多くのひとたちが所得を得る機会を手に入れ、2世代か3世代経つ頃には、世界の貧困はなくならないにしても劇的に改善していることでしょう。

もちろんほとんどのひとは、こうした〝正解〟を荒唐無稽なものとして一笑に付すでしょう。そして不愉快な問題から目をそむけるか、あるいは経済援助や債務帳消しのような、より簡便で気分のいい解決策に飛びつくのです。

＊

「中央銀行がマネーを大量に供給すれば不況はたちまち終わる」とか、「国家がすべてのひとの生活を最低保障すれば貧困問題は解決する」とか、「太陽光発電や風力発電で原発をゼロにできる」とか、さまざまな〝一発逆転〟のアイデアが出されています。その一方でこれを真っ向から否定する専門家も多く、学問的な論争は見苦しい罵《のの》り合いと化しています。

政策的に重要で、専門家のあいだで合意が成立しない問題は、民主政（デモクラシー）社会では最後は素人が選択するしかありません。

幸いなことに、いまでは素人の集合知が少数の専門家の判断よりも正しいことがわかっています。この不思議な現象は、アメリカのジャーナリスト、ジェームズ・スロウィッキーの『「みんなの意見」は案外正しい』（角川書店）で広く知られることになりました。

集合知の仕組みはいまだ完全に解明されたわけではありませんが、ウシの体重を予想したり、ビンの中の飴玉《あめだま》の数を当てたりする場合は、不特定多数のなかから誰が真の専門家なのかを発見する機能があるからだとされています。素人は無知なので回答の数字が極端に大きかったり小さかったりしますが、参加者の数がじゅうぶんに多ければこれらの誤答は相殺されて正解へと収斂《しゅうれん》していくのです。

株式投資の銘柄予想でも素人の集合知が有効なことがわかっていますが、こちらはウシの体重や飴玉の数とはちがって不確実な未来を予測する問題です。

素人の予想が専門家を上回るのは、知っている会社（有名ブランド）にしか投資しないからだと考えられます。株価を予想したひとたちは、投資についてはド素人かもしれませんが、消費者としては圧倒的多数派です。彼ら／彼女たちは、スマホを買うときにそれぞれのメーカーの仕様やスペックを詳細に検討したりなどせず、みんなが持っているというだけでiPhoneを選び、休日に友だちと待ち合わせるときは説明が不要な「駅前のスタバ」にするでしょう。このようにして消費者は強いブランドに集まり、その会社の利益と株価を押し上げるのです（ゲルト・ギーゲレンツァー『なぜ直感のほうが上手くいくのか？』インターシフト）。

いずれの場合でも、集合知を有効に活かすためには、バイアス（歪《ゆが》み）のない多様な意見が重要です。その一方で、独裁者が理想を追い求めたり、大衆が感情に流されて〝最終解決〟に飛びつくと、戦争や内乱、虐殺のようなとてつもなくヒドいことが起きることを20世紀の歴史は教えてくれます。だとすれば真に必要なのは、たったひとつの正しい主張ではなく、たくさんの風変わりな意見なのです。

＊

生態系の維持に生物多様性が重要なように、社会の安定にも意見の多様性が不可欠です。

19世紀イギリスの自由主義思想家、ジョン・スチュワート・ミルはこのことに気づいていて、「真理に到達するもっともよい方法は、異なる意見を持つ者の話を聞くことだ」といいました。それればかりか、誰ひとりあなたの意見を批判する者がいない場合は、「自分自身で自分の意見を批判せよ」とまで述べています。

しかしだからといって、いい加減な思いつきを並べても読者は混乱するばかりでしょう。そこで本書では、日本社会や日本人を論じる際にひとつの基準（というか視点）を採用しています。それが、進化論です。

なぜ社会批評に進化論が出てくるのか、不思議に思うかもしれません。そんなひとのためにプロローグで、現代の進化論（進化心理学や進化生物学）が脳科学や遺伝学の研究成果によって急速に発展し、ゲーム理論や行動経済学などの社会科学と融合して、人間と社会の謎を解明する統一的な理論を構築するという、巨大な知のパラダイム（枠組み）転換が起きていることを概観します。本書のアイデアは、こうした知見を政治や経済、社会の出来事に適用して、マスメディア（ワイドショー）とは異なる視点を提供しようというものです。

ところでここで、ふたたび最初の疑問が頭をもたげてくるかもしれません。日本には、進化心理学や脳科学、行動経済学やゲーム理論などの優れた専門家がたくさんいます。だったら、そのひとたちに任せればいいではないか……。

しかし現実には、こうした専門家が議論の沸騰する問題に口を出すことはきわめて稀《まれ》です。研究の妨げになることはもちろん、自らの専門分野では間違えることが許されず、専門分野以外への口出しはルール違反（領域侵犯）とされているからでしょう。このようにして、専門が細分化されていくにつれて、優秀なひとほど社会問題についての発言を控えるようになっていきます。

現代では、理系・文系を問わずあらゆる学問で複雑・高度な知の体系が構築されていますから、そのすべてに通暁することは誰にとっても不可能です。人間や社会について学際的に発言しようと思ったら、程度の差はあれ、生半可な知識に頼るほかはありません。「地雷を踏む（@小田嶋隆）」ような社会批評は、〝素人〟以外にはできなくなっているのです。

読者のなかには、こうした説明を開き直りとか、いい加減と思う方もいるでしょう。その場合は、どうぞ書店の棚に戻してください（お時間をとらせて申し訳ありませんでした）。もしまだ興味があれば、プロローグで本書のフレームワークを示しているので、そこからお読みいただくと、なぜこんな奇妙な主張をするのかがおわかりいただけると思います（「進化心理学のことなんて知っているよ」という方は、そのままPart1にお進みください）。

近代文明は驚くほどの進歩を遂げたので、解決できる問題のあらかたは解決されてしまいました。だとすればいま残っているのは、問題の解決が新たな問題を生むようなやっかいなものばかりでしょう。不愉快なことには、すべて理由があるのです。

そんな世界をすこしでも生きやすくするために、「みんなと違う視点を提供して意見の多様性に貢献する」という本書の目的が上手くいっているかどうか、ご判断いただければ幸いです。

PROLOGUE

世界の秘密はすべて解けてしまった

私たちの感情は、幸福や哀しみも、愛や憎しみも、歓喜や絶望もすべて科学的に説明できるといわれたらどう思うでしょう？

政治も経済も、独裁や戦争や虐殺ですら、この世界で起きているすべてのことはその理由が解明されていたとしたらどうでしょう。

あるいは、社会学や経済学だけでなく、心理学や哲学、文学に至るまで、人文・社会科学と呼ばれていた学問は、すべて科学の統一原理によってまとめられることを知っていましたか？

じつはこれは、ＳＦの世界の話ではなく、すべて現実に起きていることです。より正確には、「こころとはなにか」が科学によって解明できるようになってきた、ということですが。

もちろんあなたは、こんな与太話《よたばなし》を信じようとはしないでしょう。でも、もうすこしつきあってください。

なんでこんなことに気づかなかったのか？

グーテンベルクの印刷機やワットの蒸気機関、ニュートンの万有引力の法則やアインシュタインの相対性理論など、私たちの生活や世界の見方を根本から変えてしまうような発明や発見はいくつもあります。これを「パラダイム転換」といいますが、そのなかでも最大の発見のひとつがチャールズ・ダーウィンの進化論です。

世界には宗教的な理由から進化論を認めないひとたちがたくさんいますが、一神教の教義から自由な日本人は、多種多様な生き物が40億年前に誕生した単細胞生物から進化したことや、ヒトの祖先とチンパンジーやボノボの祖先が共通していることを常識だと思っています。しかしこれは、進化論の持つ途方もない可能性のごく一部でしかありません。

進化論というのは、「子孫を残すことに成功した遺伝子が次世代に引き継がれる」という理論です。これをもっと簡単にいうと、「生き残ったものが生き残る」というだけのことで、ダーウィンの『種の起源』を読んだ当時の知識人たちが、「なんでこんなことに気づかなかったのか」と愕然《がくぜん》としたのもよくわかります。

その後、進化論は個体だけでなく、社会や文明も進化していくという社会進化論に拡張され、それが人種差別を正当化する優生思想を生み、ナチス・ドイツによるホロコースト（ユダヤ人虐殺）へとつながったとの反省から、厳しい批判にさらされました。現代の進化論は、そうした批判に一つひとつ科学的にこたえていくことで鍛えられていったのです。

1970年代に、進化論は生物学や遺伝学、ゲーム理論などの最新の研究成果を取り入れた進化生物学（社会生物学）となり、90年代には進化によってヒトの感情（こころ）を説明しようとする進化心理学へと発展しました。

こうした現代の進化論の成果を大衆に広めたのがイギリスの動物行動学者リチャード・ドーキンスで、「利己的な遺伝子」は世界的な流行語になりました。

ドーキンスは、進化するのは遺伝子（のプログラム）で、生物は遺伝子のたんなる乗り物（ビークル）に過ぎないと説きます。もちろんこれは、遺伝子に進化への意思があるわけではなく、「生き残ったものが生き残る」という単純な原理によって、より環境に適した遺伝的プログラムが次世代に引き継がれるというだけのことです。

進化論を「利己的 Selfish」な遺伝子の立場から説明することは、レトリックとしてはきわめて優れていますが、同時に、遺伝子が人間を支配しているかのような多くの誤解を招きました。もちろん遺伝子には意思などなく、決められたプログラムをただ実行するだけです。ドーキンスは進化の仕組みを「盲目の（意思を持たない）時計職人」とも評していますが、こちらの言葉はまったく流行《はや》りませんでした。

進化心理学では、キリンの首が長くなるような身体的特徴だけでなく、人間のこころや感情も、より多くの子孫を残すように進化してきたと考えます。しかしこれも、まったく奇異な主張をしているわけではありません。

母親の子どもへの愛情を考えてみましょう。

子どもを愛さない遺伝的プログラムが突然変異で現われたとしても、このプログラムを搭載した個体はうまく子どもを育てることができませんから、その遺伝子は次世代に引き継がれることなく途絶えてしまいます。それに対して、子どもに対する愛情が強いほど多くの子孫を残せるとしたら、長い進化の過程で母親の愛情は強化されていくにちがいありません。

爬虫類《はちゅうるい》には「家族」という概念がなく、近くに子どもがいるとエサとして食べてしまいます。そのため、タマゴから孵《かえ》ったばかりの幼い爬虫類は、できるだけ早くその場から逃れるようプログラムされています。

一方、哺乳類や鳥類は、親が自分の子どもを認識して、エサを与えるなどの養育行動をとることで子孫を増やすよう進化してきました。そのなかでもヒトはこころを持っているので、この養育本能を「愛」と解釈するのです。

しかしだからといって、母親の愛が無窮《むきゅう》だというわけではありません。遺伝子のプログラムがより多くの子孫を効率的に残すことだとすれば、母親は兄弟姉妹のなかで大きく美しい子どもを愛する（優先的に養育する）でしょう。生まれたばかりの赤ん坊は世話をしなければ死んでしまいますから、「投資」をムダにしないためには、乳幼児を溺《でき》愛《あい》し、年上の子どもは邪険に扱う（自力で食料を獲得させる）はずです。

このことから、「現代社会では母性本能がこわれてしまった」という主張がデタラメだとわかります。欧米の研究によれば、子どもに対する虐待が再婚した母子家庭に多いのは明らかですが、継父が血のつながらない子どもに暴力を振るうのも、母親が新しい夫（愛人）をつなぎとめるために子どもを虐待するのも、進化論的に説明可能です。母親の愛はそもそも完全無欠ではなく、たった1世代や2世代の出来事が40億年の進化の歴史に影響を与えるはずはないのです。

どれほど修行しても解脱できない

進化心理学は超強力な説明原理なので、〝こころの問題〟を一刀両断に解明してしまいます（それに納得するかどうかは別問題です）。

眠っているとき以外は、ヒトはいつもあれこれ思い悩んで暮らしています。じつは私たちは、人生の大半をシミュレーションに費やしています。

学校に行けば、好きな男の子（女の子）の後ろ姿を見て、誕生日にプレゼントを渡したら受け取ってもらえるだろうかと悩みます。

会社では、新商品をいくらで販売したらライバルに勝てるかを何時間も議論します。

家庭では、生まれたばかりの赤ん坊を眺めながら、この子にはどんな未来が待っているのだろうかと夫婦で語り合います。

これらはすべて、シミュレーション（ある仮説を立てて、その現実の結果を模擬実験などで予想すること）です。なぜ私たちがいつも思い悩んでばかりいるかというと、新しい事態に遭遇すると、こころという「シミュレーション装置」が無意識に駆動しはじめるからです。

ところで、ヒトはなぜこころなどという奇妙な能力を獲得したのでしょう。それはもちろん、（利己的な遺伝子の）生存にとって有利だったからです。

チンパンジーはヒトと同じ社会的な動物で、その生態を観察すると単純なシミュレーション装置（こころ）を持っていることがわかります。群れを統率するのはアルファオスと呼ばれる第一順位のオスですが、すべてのメスを独占しているわけではなく、下位のオスにも生殖の機会は与えられています。しかし交尾には上位のオスの暗黙の了解が必要で、さもなければこっそり〝不倫〟するしかありません。

このときチンパンジーは、いまここでメスと交尾しても上位のオスに攻撃されないかどうか、さまざまな方法で知ろうとします。このシミュレーションが上手《うま》ければ、身体が大きかったり力が強かったりしなくても子孫を残すことができるのです。

シミュレーションで相手の行動を的確に予想できれば、異性の獲得だけでなく、狩りをするのも、敵から身を守るのもずっと容易になります。これを「知能」と呼ぶならば、ヒトの祖先は賢ければ賢いほど生き残る確率が上がり、より多くの異性と交尾して子孫を残せたはずです。

孔雀《くじゃく》のオスの尾羽がきらびやかなのは、メスがより美しい（尾羽の豪華な）オスを選ぶからです。これはもともと、長い尾羽を持つオスが強健で、なんらかの偶然で、メス（の遺伝子）が尾羽で交尾の相手を選択するようになったからだと考えられています。いったんこのようなルールができあがると、進化という「盲目の時計職人」の手によって、オスの尾羽は生存の限界まで派手になっていきます。

長くて重い尾羽を持つオスは捕食動物に簡単に食べられてしまいますが、たとえそうであっても、短い〝人生〟のあいだに、より俊敏に動ける尾羽の短いオスよりもずっと多くの子孫を残すことができます。このように、生存に有利な特徴が非現実的なまでに拡張することを「進化のランナウェイ（暴走）効果」といいます。

言語の起源については諸説ありますが、ヒトが言葉というコミュニケーション能力を得たことで大脳新皮質を急激に発達させていったことは間違いありません。こころがいかに強力な武器だったかは、食料を求めてアフリカ大陸を出た人類の祖先が、短期間のうちにさまざまな種を絶滅させながら地球上に繁殖したことで明らかでしょう。ヒトにとって脳はクジャクの尾羽であり、進化のランナウェイ効果の結果、不必要なまでに高度の知能（シミュレーション能力）を獲得したのです（クリストファー・ウィルズ『暴走する脳』講談社）。

シミュレーションがこころの本質だとすれば、私たちはそこから逃れることはできません。仏教では、修行による解脱、すなわち煩悩からの解放を説きますが、シミュレーション機能を停止させてしまえばひとはもはやヒトでなくなってしまいますから、解脱は人類の理想であっても原理的に不可能なのです。

大富豪はマサイ族よりちょっとだけ幸せ

私たちの抱える生きづらさを、進化心理学は、石器時代の脳が現代文明に適応できないからだと説明します。

石器時代のひとびとが幸福だったかどうかはわかりませんが、アフリカのマサイ族の人生の満足度を調べると、城のような豪邸やプライベートジェットなど、望むものすべてを手に入れたアメリカの大富豪とほとんど変わらないことがわかっています。

石器時代人は狩猟と採集で食料を得ながら、家族（血族）を中心とする数十人のグループ（共同体）で暮らしていました。彼らにとっては共同体に帰属していることが生きる術《すべ》で、仲間から排除されれば死が待っているだけです。このような環境が400万年もつづけば、利己的な遺伝子のプログラムは、家族や仲間と共にいることで幸福を感じ、共同体から排除されることを恐れるように進化していくはずです。

それに対して、古代エジプトやメソポタミアに文明が発祥して貨幣が使われるようになってから、まだわずか5000年しか経っていません。私たちはもともと、貨幣の多寡と幸福感が直結するようにはできていないのです。

だとしたら、ひとはなぜ貨幣を欲望するのでしょうか？

進化論的には、貨幣の起源は互酬《ごしゅう》（互恵的利他主義）にあります。ヒトやチンパンジーだけでなく吸血コウモリでさえも、親切にされた相手を覚えていてお返しをすることが知られています（吸血コウモリは空腹がつづくとすぐに死んでしまうので、飢えたコウモリは満腹のコウモリから胃の中の血を譲ってもらうのです）。だとしたら、貨幣とは親切とお返しのやり取り（互酬）を〝見える化〟したものです。

貨幣が相手に対する貸しの証明なら、共同体のなかで、より多くの貨幣を持つ者が権力者になるのは当然です。古今東西を問わず権力者によるハーレム（後宮や大奥）が見られるように、ヒトは一夫一婦制を基本としつつも容易に一夫多妻制に移行しますから、富（貨幣）の獲得はより多くの子孫を残すことにもつながります。

しかし現代の先進国では一夫多妻は法で禁じられていますし、大富豪でも妾を囲うことは不道徳として社会的な非難の対象になります。またアメリカの富裕層を調査すると、どこも子育てや離婚、膨れ上がる家計支出（〝富豪〟のライフスタイルを維持するにはべらぼうな出費が必要）などのトラブルに悩んでいて、資産100万ドル以上の層の10％（女性に限れば16％）が、資産は問題を解決するよりもむしろ問題を増やしていると考えています（ロバート・フランク『ザ・ニューリッチ』ダイヤモンド社）。

だとすれば、幸福を手にするのはものすごく簡単です。ビリオネア（資産1000億円以上）になれる確率はほぼゼロですが、マサイ族のような自給自足の暮らしなら明日にでも始められるからです。

しかし残念ながら、この方法はうまくいかないでしょう。それは、幸福が相対的なものだからです。

マサイ族のような濃密な共同体で幸福度が高いのは、他のマサイ族も自分とほとんど同じ暮らしをしているからです。そこでは、「自由」や「自立」はもちろん「個人」という概念すらなく、ひとはただ、親や共同体から与えられた役割を果たし、子どもを生み育て、老いて死んでいくだけです。その代償として共同体から強い承認が与えられるとしても、そのような社会で暮らしたいと思うひとはほとんどいないでしょう。

現代社会のなかで狩猟採集生活を営めばいい、という意見もあります（坂口恭平『ゼロから始める都市型狩猟採集生活』太田出版）。しかしこの斬新な提案も、あまり見込みはありません。

先ほどの幸福度調査では、この世の中でもっとも不幸でみじめなのはロサンゼルスなど大都市のホームレスで、インドのスラムで暮らす貧しいひとたちよりも人生の満足度がはるかに低いことがわかっています。スラムにはひとびとの強いつながり（共同体）がありますが、都市のダンボールハウスに住むひとたちは互いに孤立し、他者からの承認を得る機会などありません。東京やロサンゼルスなどゆたかな都市のなかで、自分だけが貧しいというのは計り知れない絶望なのです。

税金を払わないのには進化論的な理由がある

アダム・スミスに始まる経済学を、「合理的経済人（ホモ・エコノミクス）」という虚構の上に成立したエセ科学だと批判するひとがたくさんいます（藤原正彦『国家の品格』新潮新書）。意思決定にあたってすべての選択肢（情報）を事前に知ることができ、完全な計算能力によってその実現可能性（確率）を詳細に検討し、もっとも満足度（効用）の大きくなる行動をとる超合理的な人間を仮定することは、経済行為の数学的処理を可能にし、近代経済学を大きく発展させましたが、その反面、市場におけるひとびとの実際の行動との齟齬《そご》が指摘されてきました。

こうした批判は経済学の内部でも根強く、１９４０年代には、人間は完全に合理的であることはできないという「限定合理性」がハーバート・サイモンなどによって提唱され、それが70年代後半から、経済学に心理学的手法を持ち込んだダニエル・カーネマンやエイモス・トベルスキーらによって、行動経済学としてまとめられていきます。

行動経済学は、さまざまな実験を通して、ヒトの認知能力に多くのバイアス（歪み）があることを発見しました。

たとえば、ひとは得をすることよりも損をすることにずっと強い感情を持ちます。「プロスペクト理論」は行動経済学のどんな入門書にも出ていますが、そこではひとは経済的に合理的な選択はせず、数学（確率）的には完全に同じことでも、得だと意識したときと、損だと意識したときでまったく異なる行動をとります。

税金の納付には、サラリーマンのように、会社があらかじめ給料から天引き（源泉徴収）したうえで年末調整で払いすぎた分を還付するやり方と、自営業者のように、1年間で得た所得から自分で税額を計算して申告するやり方があります。税率が同じだとすると、どちらの方法でも支払う税額は同じになるはずですが、税に対する印象は正反対です（実際には給与所得者と自営業者では控除額などが異なりますがそれは無視します）。

サラリーマンは、源泉徴収で引かれた税金などほとんど気にせず、年末調整で還付金があると「得した」と喜びます。それに対して自営業者は税金を払うことに激しく抵抗し、所得の捕捉率の業種間格差を揶揄《やゆ》した「クロヨン」や「トーゴーサン」などの隠語も生まれました（9対6対4や、10対5対3は、サラリーマン、自営業者、農林業の違い）。経済合理的に考えれば、税金を先に払おうが後に払おうが、手取り収入が同じならどちらでもかまわないわけですが、現実には納税意識にきわめて大きな差が生じています。

しかしこれは、サラリーマンが善人ばかりで、自営業者が脱税をなんとも思わない反社会的集団だからではありません。

つねに飢餓の恐怖にさらされていた石器時代の狩猟採集生活では、取り逃がしたウサギのことをいつまでも思い悩んでいるよりも、足元に落ちている数粒の木の実を拾って飢えをしのいだ方がずっとマシです。それに対して、いったん手に入れた食料を奪われることは死に直結しますから、命がけで戦わなければなりません（これがなわばり意識で、私的所有権の原型です）。

サラリーマンが源泉徴収された税金を取り戻そうとせず、自営業者が「血と汗で稼いだ」カネを手放すまいと抵抗するのは、経済学的には不合理でも進化論的にはきわめて合理的です。日本だけでなくどの国の政府もこうした認知上のバイアスをよく知っていますから、税金はできるだけ源泉徴収しようとし、現金商売の自営業者にはきびしい税務調査を行なうのです。

コンピュータは心理学者

ゲーム理論は、複数の主体が相互に影響を与え合う状況で、自らの利得を最大化するためにどのような選択を行なうべきかを数学的に（ゲームとして）解析する学問で、経済学以上に毛嫌いされています。それはゲーム理論が、米ソ冷戦時代の核戦争（人類滅亡）のシミュレーションとして発展したという経緯もあるでしょうが、なによりも人間の行動を数値化するという手続きに生理的な嫌悪感があるのでしょう。

経済合理的で利己的なホモ・エコノミクスへの反論として、利他性を強調する議論があります。ヒトだけでなくチンパンジーも、病気の仲間にエサを分け与えたりします。それればかりかハチやアリなどの社会性昆虫は、自らは生殖を放棄して女王蜂や女王アリのために働く〝利他性〟によって種を維持しています。だとしたら、他者に奉仕するところもヒトの本能なのでしょうか？

ところが、進化論のなかでももっとも評判の悪い社会生物学が、ゲーム理論を使って、社会性昆虫の利他性が自分と遺伝子を共有する血縁者の繁殖を最大化させる戦略であることを証明してしまいました。これが血縁淘汰説《けつえんとうたせつ》で、生殖における一種の分業です。

同じコロニー（巣）のハチやアリは、同一の母体から生まれた兄弟姉妹です。ふつうの有性生殖では、両親と子どもの血縁度は0・5、兄弟姉妹の平均的な血縁度も0・5です。私たちは、両親の遺伝子を正確に半分ずつ受け継ぎ、兄弟姉妹ともおよそ半分の遺伝子を共有しているのです。

ところが膜翅目《まくしもく》と呼ばれるハチやアリのメスは、特殊な生殖をする結果（その詳細は面倒なので省略します）、姉妹の血縁度が0・75になる（遺伝子の4分の3を共有する）ことがわかっています。先に述べたように、自分の子どもを産み育てたときの血縁度は0・5ですから、彼女たち（の利己的な遺伝子）にとっては、子どもを産むよりもできるだけ多く姉妹をつくった方が進化論的に合理的なのです。このようにして、女王蜂や女王アリに生殖の役割を特化させ、その他大勢は生殖機能を放棄するという〝分業戦略〟がプログラミングされることになりました。

この血縁淘汰説は、直感的には納得しがたいものがあります。昆虫が、自分と兄弟姉妹との血縁度を計測できるはずがないからです。しかし、ハチやアリにはこころがありませんからその行動はマシン（機械）と同じで、「生き残るものが生き残る」という進化のメカニズムが彼らの社会でどのように機能しているかを客観的に観察し、理論的に解析することが可能です。社会性昆虫の遺伝プログラムが環境に合わせて最適化したものならば、そのはたらきはコンピュータで完全にシミュレートできてしまうのです。

生存戦略として社会（コロニー）を選んだ生物は、遺伝子が利己的であることによって、個体としては利他的に振る舞うはずだ——ゲーム理論によって数学的に導き出されたこの仮説は、その後、さまざまな実証研究によって科学的事実であることが証明されました。利他性という尊い行為を殺伐《さつばつ》とした数学ゲームに還元するこの考え方は、当然のことながら、猛烈な反発を引き起こしましたが、現在では反論の余地はまったくありません。血縁淘汰の理論によれば、幼い子どもが弟妹を守るために危険を顧みず身を投げ出すのは、彼らが自分と同じ遺伝子を共有しているからなのです。

もちろんヒトのこころはハチやアリよりもはるかに複雑ですから、血縁度だけを基準に行動するわけではありません（溺れた他人の子どもを助けるために生命を落とすひとが毎年たくさんいます）。しかしそれでも、私たちが血縁（と共同体）で人間関係に濃淡をつけている事実は否定できません。アダム・スミスは道徳の本質を共感に求めましたが、私たちが共感できる範囲は限られているのです。

不合理は合理的

大学で経済学の授業をとると、マクロ経済学とミクロ経済学を勉強します。マクロ経済学は市場全体の仕組みを研究することで、ミクロ経済学は家計（消費者）や生産者（企業）など、市場を構成する経済主体の行動を研究することだと教えられました。

しかし現在では、ミクロ経済学はゲーム理論と一体化して経済学の基礎理論となり、行動経済学（心理学）を取り入れることで進化心理学と融合し、人間の行動を大脳の神経系と結びつける神経経済学（ニューロエコノミクス）へと展開しています。

それに対してマクロ経済学は、いまだに市場の動きを加減乗除と微分積分、確率論の数式で記述しようと四苦八苦しており、将来の経済的な変動を予測できないばかりか、現状分析（デフレの原因）ですら経済学者によって意見がまったく違うという惨状です。

マクロ経済学が破綻するのは、私たちが生きている世界が複雑系だからです。

複雑系は、多数の要素が相互にフィードバックする小さな世界（スモールワールド）で、そこでは要素間の関係があまりに複雑なので計算することはもちろん数式化することすらできません。市場は典型的な複雑系で、そこでは確率論のベルカーブ（標準偏差）は役に立たず、どれほど複雑な数式を組み合わせても未来を予測することができません。世界金融危機をはじめとして、マクロ経済学の数理モデルが市場の大きな変化をすべて外していることがその無力の証明です（ベノワ・B・マンデルブロ『禁断の市場──フラクタルでみるリスクとリターン』東洋経済新報社）。

ミクロ経済学（ゲーム理論）が機能するのは、生産者と消費者（あるいはアメリカとロシア）の交渉など、ゲームの局面を限定してフィードバックを減らしているからです。

もちろんゲーム理論には、生きた経済（市場）を対象とした場合、理論的な解と実際の結果が一致しないという批判がついてまわります。初期のゲーム理論が計算上の制約から、ホモ・エコノミクスを前提にせざるを得なかったからです。

しかし現代のゲーム理論は、行動経済学と融合して、より現実的な（進化論的に合理的な）人間をベースにするようになっています。行動ゲーム理論と呼ばれるこうした試みはまだ始まったばかりですが、こころがシミュレーション装置である以上、その動きをコンピュータでシミュレートできたとしてもなんの不思議もありません。私たちが経済的に合理的かどうかはさておき、無意識のうちに自分の（進化論的な）利得を最大化する選択をしていることは間違いないからです。

実際に、優れた設定のゲーム理論は、交渉に関与する人数が限定された状況ならば、きわめて正確にそれぞれの行動を予測できます。直感や感情をこころの（無意識の）シミュレーションとするならば、コンピュータは私たちの隠された欲望を読み取る心理学者であり、未来を占う予言者になるかもしれないのです（ブルース・ブエノ・デ・メスキータ『ゲーム理論で不幸な未来が変わる！』徳間書店）。

しかしそれでも、謎《なぞ》は残ります。ミクロ的な未来は科学のちからで予見できたとしても、マクロ的な（複雑系の）未来は原理的に予測不可能だからです。

ヒトはなぜ、スーパーコンピュータですら計算できない複雑な世界を生き延びてこられたのでしょうか？　それは、私たちの知性が不合理だからです。

複雑系の世界は、数学的な論理によっては理解できません。だとしたら進化は、合理性を極限まで高めるような非効率なことはせず、より有効な方策を模索するでしょう。行動経済学ではこれをヒューリスティック（近似的問題解決法）と呼び、主観的確率に頼ったり、代表的なサンプルで判断したり、さまざまなアノマリー（非合理的行動）が報告されています。

こうしたアノマリーは、当初はヒトの脳が論理的思考が苦手なためだとされていましたが、最近では、複雑系の世界に適応するよう進化した無意識の知性だと考えられています。未来が予測不可能なら、確率論的に正しいリスクをとって危険に身をさらすよりも、損失を回避しながら小さな利益を積み上げていく〝不合理な〟戦略の方が有効なのです。

進化心理学、行動経済学、ゲーム理論、複雑系、脳科学など、20世紀後半に登場したさまざまな知の潮流がいま、ひとつの大きなネットワークをつくりつつあります。それはやがて、経済学・社会学・心理学などの社会科学と進化論・生物学・脳科学を合体させ、そこから人間と社会を統一的に理解・記述しようとする新たな知のパラダイムが生まれようとしているのです。

高校生のセックス相関図

最後に、「私たちは何者なのか」という問いについても見ておきましょう。じつはこれも、現代の進化論によってほぼ答えは出ています。

脳もまた、無数のニューロンがお互いに影響を及ぼしあう複雑系のネットワークです。なぜ脳がこのように進化してきたかというと、私たちが生きている世界（環境）そのものが複雑系だからです。未来を予測できない複雑な世界を生き延びるためのもっとも有効な方法は、本能や直感を複雑系に適応させることでした。

市場や生態系だけでなく、社会もまたひととひととがお互いに影響しあう複雑系のネットワークです。こうした緊密で小さな世界では、わずかな違いから大きな差が生まれることがわかっています。これをバタフライ効果（ブラジルで蝶が羽ばたくとテキサスで竜巻《たつまき》が起こる）とか、（ポジティブ）フィードバック効果といい、インターネットがその典型です。

ネットの世界にはハブとよばれる膨大なアクセス数を持つホームページがあり、そこから大小さまざまなホームページへとリンクが張られています。日本における圧倒的なポータルサイトはヤフーで、一日あたり20億ページビューといわれています。

インターネットバブル前夜の1990年代後半には日本でも多数のポータルサイトが乱立していましたが、いまでは大半が撤退するか、事業を縮小してしまいました。このような大きな格差が生まれたのは、ヤフーが最初から圧倒的な優位性を持っていたからではなく、ほんのささいな違いが雪だるま式に拡大していったためです。

友人や会社の同僚がヤフーをポータルサイトに設定していれば、話を合わせるために、ごく自然に自分もヤフーを使うようになるでしょう。それによってアクセスが増えれば、さらに情報を充実させていくことができます。こうして、初期値のわずかな違いが大きく膨らんで、他を圧倒するネットワークのハブへと成長していくのです（ハブはもともと自転車などの車輪の中心部分のことで、航空機の路線図で乗換えなどに使われる拠点をハブ空港と呼びます）。

人間関係のネットワークも、こうしたハブ構造になっています。次頁に示すのは白人生徒が大半を占めるアメリカ中西部の高校のセックス相関図で、一流の学術誌に掲載されたものです（ニコラス・A・クリスタキス／ジェイムズ・H・ファウラー『つながり――社会的ネットワークの驚くべき力』講談社）。

色の濃い点が男子、薄い点が女子で、複数の異性と性行為の経験がある場合は2方向（もしくは3～4方向）に枝が伸びています。

図では、枝の末端にいる生徒を除けば、すべての生徒が複数の異性と性関係を持っています。しかしこれは、「アメリカの高校は風紀が乱れている」ということではありません。

そもそもなぜ、社会学者がこのようなセックス相関図を描くことができたのでしょう？　それはこの高校で、性感染症（梅毒）が広まったからです。

さらなる感染を防ぐために、患者たちは聞き取り調査によって、病気をうつした（うつされた）可能性のあるセックスフレンドを申告するよう求められました。こうしてできたのが、このセックス相関図です。

1対1で異性とつき合っている高校生は性病に感染していないので、この相関図には現われません。だからこれは、自分もしくは相手（あるいはその

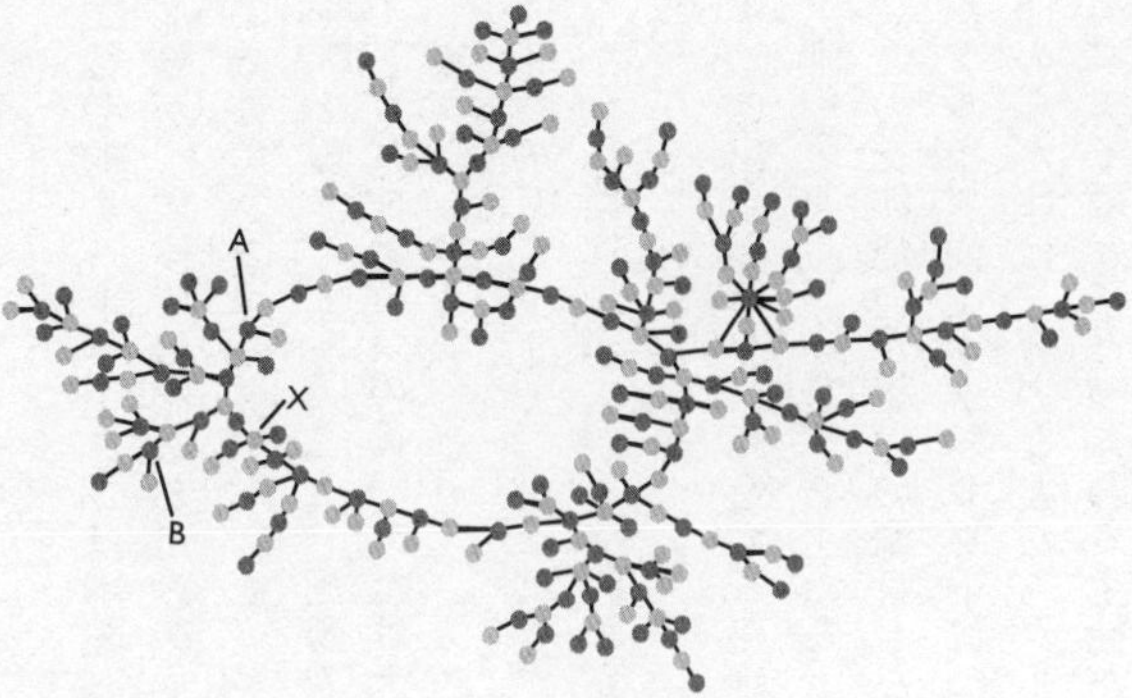

出典：ニコラス・A・クリスタキス／ジェイムズ・H・ファウラー
『つながり―社会的ネットワークの驚くべき力』（講談社）より

両方）が二股以上をかけている、性に対して積極的な高校生たちのネットワークということになります。

この相関図によれば、生徒たちのつながり（社会的ネットワーク）は本線（幹）と支線（枝）に分かれています。それぞれの枝の部分が、学校における友だちグループです。

ここから、きわめて単純な規則性を見出すことができます。

ひとつは、「異なる友だちグループ同士は交わらない」ということ。もうひとつは、「友だちグループのなかで、他の友だちグループと交渉を持つのは一人だけ」ということです。

この特権的なメンバー（ハブ）は通常はグループのリーダーで、彼（彼女）がグループ外の異性とも性関係を持つことでネットワーク全体に性病が広がっていきます。

こうした構造は、不良グループを考えるとわかりやすいでしょう。

グループの末端メンバーは、敵対するグループと出会えばケンカをするだけです（交わることはない）。グループの垣根を越えて、他のグループのリーダーたちと話ができるのはただ一人のリーダーに限定されていて、この交渉能力が権力の源泉となるのです。

ただしこのセックス相関図を見ると、大きなグループ同士がダイレクトにつながっているわけではないことがわかります。学校集団のなかには、有力な友だちグループには属さずに、人気のある（グループのリーダーの）男子や女子とつき合う生徒がいます。

トリックスター的な行動をとる彼（彼女）が媒介となることによって、グループ同士がゆるやかな輪を構成するのです。

この図は、学校における噂《うわさ》（情報）の伝わり方を可視化したものでもあります。本線（幹）の部分に位置するAやXの生徒には、さまざまなグループの情報が、いろいろなルートから真っ先に入ってきます。それに対して枝の末端部分に位置するBの生徒は、ネットワークへのアクセス権を持つリーダーから教えられないかぎり、重要な情報を知ることができません。

このように、学校ネットワークのどの場所にいるかで、彼（彼女）の学校生活は大きく変わってくるでしょう。

こうした人間関係のネットワークは、いまでは多くの集団に共通することがわかっています。そしてこれが、とりわけ子ども時代において、私たちの性格（キャラ）を決定するのです。

音楽家になれるかどうかは親を見ればわかる

複雑系のネットワークでは、初期値のわずかな違いがその後の結果に大きく影響します。私たちの人生において、この初期値の差は遺伝によるものと考えられます。

まず、次頁の表を見てください。これは一卵性双生児と二卵性双生児の比較研究から、さまざまな性格や能力の遺伝的な影響を計測したものです。

一卵性双生児は、受精したひとつの卵子が途中でふたつに分かれてそれぞれが一個体になったのですから、二人はまったく同一の遺伝子を持っています。それに対して二卵性双生児はふたつの卵子が別々に受精したものですから、遺伝的にはふつうの兄弟姉妹と変わりません。

一卵性双生児と二卵性双生児は、この世に同時に生を享《う》け、通常は同じ家庭環境で育ちます。もし仮に、性格の形成に遺伝がなんの影響も及ぼさないとしたならば、（年齢も家庭も同一なのですから）一卵性であっても二卵性であっても「似ている度合い」はほぼ同じになるはずです。このようにして、双生児の研究から性格における遺伝の影響を統計的に調べることができます。

表のなかで、「一卵性」「二卵性」の項目が、双子の似ている度合いです。たとえば「神経症傾向」では、一卵性双生児が46％の割合で似ているのに、二卵性双生児は18％しか似ていません。それ以外の要素も、すぐにわかるように、一卵性双生児の方が二卵性双生児よりもはるかに似ています。

こうして計測した遺伝の影響を表わしたのが「遺伝」の項目で、「神経症傾向」では46％となっています。とりわけ遺伝の影響が強いのが「能力」のブロックで、「音程」

さまざまな特性における双子の類似性と、その類似への寄与

		一卵性	二卵性	遺伝	共有環境	非共有環境
性格	神経症傾向	.46	.18	.46	—	.54
	外向性	.49	.12	.46	—	.54
	開放性	.52	.25	.52	—	.48
	調和性	.38	.13	.36	—	.64
	誠実性	.51	.10	.52	—	.48
	新奇性追求	.34	.12	.34	—	.66
	損害回避	.41	.20	.41	—	.59
	報酬依存	.41	.24	.44	—	.56
	固執	.36	.01	.37	—	.63
	自己志向	.49	.30	.49	—	.51
	協調	.44	.30	.47	—	.53
	自己超越	.48	.22	.41	—	.59
能力	学業成績	.71	.48	.55	.17	.29
	論理的推論能力	.67	.28	.68	—	.31
	言語性知能	.73	.62	.14	.58	.28
	空間性知能	.69	.28	.70		.29
	一般知能	.77	.49	.77	—	.23
	音程	.79	.46	.80	—	.20
	音楽	.92	.49	.92	—	.08
	美術	.61	.05	.56	—	.44
	執筆	.83	.38	.83	—	.17
	外国語	.72	.48	.50	.23	.27
	チェス	.48	.20	.48	—	.52
	数学	.89	.04	.87	—	.13
	スポーツ	.85	.40	.85	—	.15
	記憶	.59	.24	.56	—	.44
	知識	.65	.20	.62	—	.38
その他	自尊感情	.30	.22	.31	—	.69
	一般的信頼	.36	.09	.36	—	.64
	権威主義的伝統主義	.33	.16	.33	—	.67
	男性性（男性）	.42	.09	.40	—	.60
	女性性（男性）	.24	.24	.39	—	.61
	男性性（女性）	.47	.26	.47	—	.53
	女性性（女性）	.49	.29	.46	—	.54
	うつ傾向	.36	.27	.40	—	.59
	統合失調症	.48	.17	.81	.11	.08

出典：石川幹人『生きづらさはどこから来るか―進化心理学で考える』（ちくまプリマー新書）より
（オリジナルのデータは、安藤寿康『遺伝マインド』有斐閣）

「音楽」「執筆」「数学」「スポーツ」などの能力は遺伝の影響が80%を超えています。自分が音楽家になれるかどうかは、親を見ればわかるのです。

「神経症傾向」の遺伝的な影響が46%とすると、残りの54%は環境によるものです。これが「氏か育ちか」という問題で、この表を見るかぎり、特定の能力や性向を除けば、性格は氏（遺伝）が半分、育ち（環境）が半分で決まるということになります。

ところで、遺伝の影響は明確に定義できますが、性格や能力に対する環境の影響というのは具体的にはどういうことなのでしょうか。ほとんどのひとはこれを家庭環境だと思うでしょうが、しかし驚くべきことに、ひとの性格形成に家庭（子育て）はほとんど影響を及ぼしていないようなのです。

なぜこんなことがわかるかというと、一卵性双生児のなかに、一方（もしくは両方）が里子に出されて別々の家庭で育ったケースがかなりあるからです（同じ子どもは二人いらない、という習俗は世界各地で見られます）。こうした双子は、遺伝的にはまったく同じで家庭環境だけが異なりますから、同じ家庭で育った一卵性双生児と比較することで、性格や能力の形成における家庭の影響だけを取り出すことができるのです。

こうして調べた家庭（子育て）の影響は、表では「共有環境」の項目に示されています（厳密にはこれは双子が共有する環境のことで、家庭環境と同一ではありません）。ほとんどの項目に横棒が引かれていますが、これは「検出不能」の意味で、共有環境

（子育て）による影響がゼロであることを示しています。「神経症傾向」では、遺伝の影響が46％で、環境の影響が54％でした。しかしながら、環境のうち家庭（共有環境）の影響はゼロなのですから、残りはその他の環境になるほかはありません。これが「非共有環境」で、当然、54％となります。

ところで、非共有環境とはいったい何のことでしょう。

「私」という永遠の謎

私たちの性格や能力、すなわち人格（パーソナリティ）の形成に遺伝は広範な影響を及ぼします。もちろん環境も重要ですが、家庭環境（子育て）は人格形成にほとんど影響を与えません。

これは大きな矛盾ですが、この謎を解いたのが、アメリカの在野の心理学者ジュディス・リッチ・ハリスです（『子育ての大誤解』早川書房）。

ハリスは、子どもは親の愛情や子育てとは無関係に、子ども集団のなかで人格を形成していくとして、次の五つのルールを発見しました。

① 子どもは、自分と似た子どもに引き寄せられる。

② 子どもは、自分が所属する集団に自己を同一化する。
③ 子ども集団は、他の子ども集団と対立する文化をつくる。
④ 集団のなかの子どもは、仲間と異なる人格（キャラ）を演じることで、集団内で目立とうとする。
⑤ 子ども集団は文化的に独立しており、大人の介入を徹底して排除する。

ここでは詳細な説明はしませんが、これらはすべて、個体が生き延び子孫を残すための最適戦略として、40億年の進化の過程のなかで洗練されてきたルールです（ヒトだけでなくチンパンジーなどの霊長類《れいちょうるい》も同じルールに従っていることが知られています）。

石器時代の狩猟採集生活では、メスは授乳期間が終わると同時に次の子どもを妊娠し（乳幼児の死亡率が高いため、そうしないとじゅうぶんな数の子孫を残せない）、オスは家族のもとに食べ物を運ぶのに精いっぱいでした。メスもまた、住居の近くで木の実などを採集しなければ飢えて死んでしまいますから、子どもはもともと親の世話がなくても生きていけるように設計されていると考えるべきです。

親の代わりに幼い子どもの面倒を見るのが、兄姉であり、共同体のなかの子ども集団です。年上の子どもがごく自然に年下の子どもの面倒を見ることは誰でも知っていますが、それには進化論的理由があるのです。

保育園の子どもたちを観察すると、人数が少ないときは男女で遊びますが、ある人数を超えると男の子集団と女の子集団に分かれます。これは、男の子と女の子で興味（面白いもの）が異なるからです。さらに人数が増えると、自分と同じくらいの年齢の子どもで集団をつくります。それ以上人数が多くなれば、外見の似ている子どもたちがグループ化していきます。これは日本でははっきりわかりませんが、アメリカなどでは子どもたちが人種によってグループ化しますから、大人の介入によって集団を組み直さなければなりません。

子ども集団のアイデンティティは、第一には自分たちと異なる子ども集団との対立、第二には大人社会との対立によって成立しています。子どもが、自分の友だち関係に親が介入することを極端に嫌うのはこのためです（親が友だち関係に口をはさむと、その子は仲間はずれにされます）。

子どもは、ごく自然に似た者同士で群れをつくり、これもまたごく自然に、群れにはリーダーを頂点とする序列が生まれます（この傾向は男の子に顕著です）。それと同時に、集団には道化役（トリックスター）も必要です。リーダーと道化役は必ず一人ずつで、複数のリーダーや道化は共存できませんから、その他のメンバーは集団の中で別の役割（キャラ）を見つけなければなりません。

このことは拙著『残酷な世界で生き延びるたったひとつの方法』（幻冬舎）で説明した

ので繰り返しませんが、ハリスの「集団社会化論」は、遺伝的なわずかな違いが子ども集団のゲーム（力学）を通じて人格の形成に結びつくメカニズムを、膨大な証拠をあげて証明しています。

ハリスによれば、子どもは、「得意なことをする」→「みんなから注目される」→「好きになる」という集団内のポジティブなフィードバックによって能力を伸ばし、人格（キャラ）を選びとっていきます。このフィードバックのメカニズムは、初期値にわずかな違いがあれば発動しますから、遺伝の影響が8割でも5割でも3割でも、おそらくは1割でも、同様の過程で人格がつくられていくでしょう。

子どもは親の願望や命令とはいっさい無関係に、自分が（無意識に）引き寄せられた友だち集団に加わり、そのなかで（無意識に）キャラが決まっていきます。こうしてつくられた人格（私）は生涯変わることがありませんが、自分がなぜこのような人間になったのかは永遠に謎のままなのです。

人類の歴史はたった30秒

ここまで、現代の進化論が人間や社会、すなわち私たちが生きている世界をどのように説明できるのかを概観してきました。読者のなかには、これを読んで不愉快な気分になった方もいらっしゃるでしょう。

これはべつにおかしなことではなく、進化論の特徴は〝不愉快な学問〟だということです。アメリカの進化論教育をめぐる混乱はよく知られていますが、キリスト教原理主義者ほど極端でなくても、進化論には、私たちが大切に思っているさまざまな価値（愛情や道徳）を根こそぎ蹂躙《じゅうりん》するような暴力性があります。

しかしその一方で、進化論が科学であることも確かです。もちろん科学は真実を保証するものではありませんが、結論に至るまでの手続きを公開することによって反証可能性がすべてのひとに開かれています。

進化心理学の不愉快な結論は統計調査や社会実験などによって繰り返し証明されていますから、それが気に入らないのなら、別の調査や実験によってその証明を覆すほかはありません。実際、アメリカの教育心理学者アーサー・ジェンセンが1969年に知能と遺伝の関係を調べ、白人の知能（概念理解）は黒人よりも有意に高いという研究結果を発表してから現在に至るまで、「人間は平等であるべきだ」というリベラルなひとたちから進化論や遺伝学はさまざまな挑戦を受けてきましたが、いまではそのほとんどが粉砕されて沈黙を余儀なくされています（スティーブン・ピンカー『人間の本性を考える』NHK出版）。

地球の誕生を1月1日とすると、生命が誕生したのが4月8日、それから11月1日までは単細胞生物しかおらず、最初の魚類が出現したのが11月26日の午後。恐竜の時代は12月9日から26日あたりまでで、最初のサルが出現したのが12月25日、人類の祖先が現われたのが12月31日の午後8時10分です。エジプトやメソポタミアに最初の文明が誕生してからは、わずか30秒しか経っていません。

私たちが進化論をうまく理解できないのは、このタイムスケールを感覚的に把握できないからです。いまでも社会科学のほとんどの理論は、最後の30秒の〝人類史〟から人間や社会を説明しようとし、そこに至るまでの長い前史を無視しています。しかしこれまで見たように、現代の進化論はその前史にこそ世界の秘密が隠されていることを明らかにしたのです。

Part 1
POLITICS
政 治

1 不思議なデモクラシー

私たちは「猿の惑星」に住んでいる

２０１１年３月は、日本の政治にみんなが怒っていました。怒りを通り越して、絶望しているひとも少なくありませんでした。

大震災と原発事故という未曾有《みぞう》の国難にあって、いまこそ国がひとつにまとまらなければならないのに、政治家は足の引っ張り合いばかりしている——こうした批判はもっともですが、しかし、政治の本質が権力闘争であるという基本的なことを見落としています。

権力闘争とはいったいなんでしょう。

オランダの動物行動学者フランス・ドゥ・ヴァールは、動物園で暮らすチンパンジーたちの「政治」を研究して世界じゅうを驚かせました。ベストセラーとなった『政治をするサル』では、老いたボスザル（アルファオス）が人望（サル望？）の厚いライバルの台頭を押さえ込むために、乱暴者の若いサルと同盟を結んで共同統治を画策する様が活き活きと描かれています。

友情と裏切り、権謀術数と復讐《ふくしゅう》が織り成す残酷で魅力的なチンパンジーたちの政治ドラマは、戦国絵巻や三国志、シェークスピアの史劇そのままです。

彼らを支配する掟《おきて》は、たったひとつしかありません。

「権力を奪取せよ。そして子孫を残せ」

チンパンジーやアカゲザル、ニホンザルなど社会的な動物たちは、きびしい階級社会に生きています。オスは、階級を上がることによって多くのメスと交尾し、子孫を残すことができます。だからこそ彼らは、権力闘争に勝ち残ることに必死になるのです。

チンパンジーと99％の遺伝子を共有しているヒトも、当然のことながら、権力を目指す本能を埋め込まれています。ヒトでもチンパンジーでも、権力の頂点に立てるのは一人ですから、ライバルが権力を握るのを手助けするのは自殺行為にほかなりません。政治家の「本性」は相手の成功に嫉妬《しっと》し、どのような卑劣な手段を使ってでも足を引っ張ろうとすることなのです。

だからといって、ここで政治家個人を批判しているのではありません。日本の政治家のなかにも優れたひとは多く、「この国を変えなくてはならない」との高い志にウソはないでしょう。しかし政治の世界の掟は「支配と服従」ですから、理想を実現するにはまず権力を奪取しなければなりません。そして激烈な権力闘争のなかで、理想はつねに妥協の前に敗れていくのです。

多くのひとは、日本の政治がダメなのは政治家がだらしないからだと考えています。しかしこの問題は、ずっとやっかいです。私たちはみんな、権力への欲望を脳にプレインストールされて生まれてきます。外部から隔離された政治空間ではその本能が理性を失わせ、〝サル性〟が前面に出てしまうのです。

アメリカ映画『猿の惑星』では、地球に帰還中の宇宙飛行士が、ヒトがサルによって支配される惑星に不時着します。この寓話《ぐうわ》がよくできているのは、人間社会がいまも「内なるサル」によって支配されているからです。

私たちが「猿の惑星」に住んでいると思えば、日本の政治でなにが起きているのかをすっきりと理解できるようになります――なんの慰めにもならないでしょうが。

参考文献：フランス・ドゥ・ヴァール『政治をするサル―チンパンジーの権力と性』平凡社ライブラリー

私たちが請求されるデモクラシーのコスト

その後、日本の政治はますます混迷の度合いを深めていきました。この原稿を書いたのは2011年6月3日で、菅直人首相が将来の退陣を約束して内閣不信任案が否決された翌日ですが、1週間後になにが起きるかわからないのはいまも同じです。

なぜこんなことになってしまうのでしょう。この謎は、理屈としては説明可能です。アメリカの市井の思想家ジェイン・ジェイコブズは、人間社会には「市場の倫理」と「統治の倫理」という相異なる正義の原理があると述べました。

市場の倫理というのは「商人道」のことで、勤勉や倹約を尊びますが、もっとも重要な掟は「契約を遵守すること」です。顧客との約束を守らず、不良品を売りつけたり、請求額を水増しするようでは誰も信用してくれませんから、市場から退出するほかありません。

その一方で、真面目に商売をしていればその評判はやがて広まって、遠方からも客がやってくるようになるでしょう。商人道においては、正直者は報われるのです。

統治の倫理は「武士道」のことで、権力闘争における正義の掟です。戦国時代劇でおなじみのように、権力闘争の目的は、集団のなかで一番になること

（国盗り）と、異なる集団のなかで自分の集団を一番にすること（天下平定）です。もちろん全員が勝者になれるわけはないので、集団のなかでどのように振る舞うかも大事です。

権力闘争では、リーダーは仲間を集め、徒党を組んで頂点を目指します。そこでは嫉妬や憎悪、裏切りや復讐など、むき出しの欲望がぶつかり合いますが、それと同時に、リーダーは一族郎党を死地へと向かわせるのですから、名誉を重んじ、友の死に涙し、運命に向かって勇敢に立ち向かう人間的な魅力も不可欠です。

政治というのは、権力闘争の世界です。どれほど立派な理屈を唱えても、権力を握らなければオウムや九官鳥と変わりません。この冷酷な掟が、あらゆる権謀術数を正当化するのです。

金銭スキャンダルで閑職に追いやられた有力政治家がいて、そこに天変地異による大災害が起きたとします。彼がひとびとのために尽くしたいと思えば、なにをおいても権力を奪い返さなければなりません。

もう一人の政治家は権力の座にあるものの、その座から引きずり下ろされようとしています。しかし権力を失ってしまえばもはやブリキの人形と同じですから、どのような手段を使ってでもいまの地位を守ろうとあがき、それが無理ならすこしでも自身の権力を温存しようと画策します。

この状況は、主観的にはそれぞれが「絶対の正義」を体現していますから、外部からの調停や理性による解決は不可能です。鳩山由紀夫元首相は、菅首相（当時）を「ペテン師」と非難しました。しかし統治の倫理では、仲間を欺いてでも目的を遂げることがすべてです。戦国武将なら、相手の首をとらなかった愚かさを笑うでしょう。武士道では、正直者は馬鹿を見るのです。

日本の政治で起きているのは、正しい意味での権力闘争です。政治学はこれを、「デモクラシーのコスト」と呼びます。

民主政が独裁政よりすぐれているのは確かです。しかし困ったことに、私たちがどれだけのコストを支払えばいいのかは見当もつきません。

参考文献：ジェイン・ジェイコブズ『市場の倫理 統治の倫理』日経ビジネス人文庫

君子はかんたんには豹変できない

2012年1月、野田佳彦首相は施政方針演説で消費税増税の覚悟を述べ、「決められない政治」から脱却するため与野党協議に応じるよう求めました。それに対して自民党などは一斉に反発し、過去の演説を引用された福田康夫元首相は、「いいことも言っているが、僕はひどい目にあった」と恨み言を述べました。

衆参のねじれ国会に苦しんだ自民党・福田政権は、政権獲得を最優先する野党・民主党からあらゆる話し合いを拒否されました。同じ立場になった野田首相が自民党に譲歩を求めても、かんたんには応じられないのももっともです。

民主党政権が苦境に陥っているのは、ことあるごとに過去の言動との一貫性を問題にされるからです。

2009年の衆議院選挙で、民主党は「国民との契約」であるマニュフェストを高らかに掲げ政権を奪取しました。しかし政策の目玉だった子ども手当や高速道路の無料化はなし崩しになり、予算の組み換えと天下りの根絶で捻出するとした16・8兆円の財源はどこかに消えてしまって消費税増税に突き進むことになりました。

沖縄の普天間《ふてんま》基地問題では、鳩山元首相の「最低でも県外」の発言がいまだに尾を引いています。沖縄ではこれが〝約束〟ととらえられ、アメリカとの〝約束〟の板ばさみになった民主党政権は弁明に追われました。

私たちの社会では、主張の一貫性がきわめて重視されます。議論におけるもっとも強力な武器は、「前に言っていたこととちがうじゃないですか」のひと言です。このとき、「私はいまの話をしているのだから、むかしのことは関係ない」とか、「意見なんてそのときどきで変わるものだ」という反論は逆効果です。主張を変更する場合は、その理由を論理的に説明できないと、社会的な信用が失墜してしまうのです。

これが人類社会に普遍的なルールなのは、ひとが社会的な動物だからです。

私たちは、相手となにか約束をすると、それが実行されることを前提に行動します。この約束が一方的に破棄されてしまうとヒドい目にあうので、約束を破るひとを道徳的に罰すると同時に、言動が一貫しているひとを「信用できる」と高く評価するようになったのです。

こうした一貫性への執着は、マーケティングにも使われています。アンケートに「夢は南の島でのんびりすること」とこたえると、ハワイのリゾートマンションの勧誘を断わりにくくなります。私たちは無意識のうちに、以前の発言との一貫性を保とうとしてしまうのです。

約束を破った場合は、相手に謝罪して損害を補償するのが原則です。これを逆にいえば、謝罪も補償もできないときは、約束を破ったことを認められない、ということになります。野田政権の置かれた立場がまさにこれで、「国民との契約」を破ったことを認めたり、野党時代に自民党との話し合いを拒否したことを謝罪してしまうと、あとは衆議院を解散するか、野党に政権を明け渡すしかなくなってしまいます。

過去はつねに亡霊のようにまとわりついてきて、君子はかんたんには豹変《ひょうへん》できないのです。

参考文献：ロバート・B・チャルディーニ『影響力の武器』誠信書房

あなたは〝ゴミ〟になれますか？

この連載を始めたのは東日本大震災と福島原発事故の直後で、この国の政治についてあれこれ意見を述べたのですが、最近（2012年6月）はまったく書くことがなくなってしまいました。消費税増税や議員定数是正をテーマにしようとしても、これまでの記事のコピー（繰り返し）になってしまうのです。

コピーにはオリジナルがあります。それでは、日本の政治の深層にあるオリジナルとはいったいなんでしょう。

かつて自民党の長老議員は、「サルは木から落ちてもサルだが、議員は落選すればタダの人だ」と述べました。いまではこの言葉は、「政治家は落選したらタダのゴミ」とヴァージョンアップして、永田町で広く使われています。

ひとは誰でも〝ゴミ〟にはなりたくありません。学歴もプライドも人一倍高い政治家ならなおさらでしょう。

2006年の偽メール事件で、「堀江貴文ライブドア社長（当時）が、衆院選出馬に際して自民党幹事長の次男に3000万円を支払った」との偽情報を国会で質問し、議員辞職に追い込まれた民主党の代議士がいました。彼は東大工学部を卒業後に大蔵省（現・財務省）に入省し、初当選はまだ30歳でした。

議員バッジを失った後、この〝超エリート〟はどのような境遇に陥ったのでしょうか。

彼は地元の千葉県で再出馬の機会を探り、それに失敗すると実家のある九州から出馬を目指しますがうまくいきません。その間に親族の経営する会社で働くものの長続きせず、妻とは離婚し、やがて精神に変調を来たして福岡県の病院に入院することになります。そして2009年1月、病院近くのマンションから飛び降り、駐輪場で死んでいるのが発見されたのです。享年39の、あまりにも若すぎる死でした。

政治家なら誰でも、〝ゴミ〟になった彼の悲惨な晩年は他人事ではありません。落選は不運や失敗のひとつではなく、人生そのものを全否定されることです。だったら、どんなことをしてでもいまの地位にしがみつこうとするのは当然でしょう。

日本の財政は、100兆円の歳出に対して税収が40兆円しかなく、2000年に500兆円だった国の借金はわずか10年で1000兆円を超えてしまいました。この惨状を冷静に考えれば、誰でも歳出（公共事業や社会保障費）を削って歳入（税収）を増やすほかないことはわかります。しかし歳出カットも増税も有権者の不満に直結し、賛成すれば次の選挙が危うくなってしまいます。

与党が増税をいい出せば、選挙区のライバルは当然、「増税反対」を主張します。自民党が「政権党の責任」として消費税増税は不可避と述べたとき、民主党は「埋蔵金がある」と大合唱して政権の座を奪取しました。そのときの〝風〟で当選した新人たちは、増税なら落選と知っているのでなりふり構わず抵抗します。野党も、敵に塩を送るようなことはせず、「増税の前にやるべきことがある」といい立てます。

日本の政治家のなかにも、知識教養に優れ、国家の将来を憂え、身を捨てる覚悟のひとはたくさんいるでしょう。しかしそんな立派なひとたちが集まる国会で起きていることは、「ゴミになりたくない」という、たったひとつの行動原理で説明できてしまうのです。

参議院は廃止したらどうだろう

「デモクラシーは有権者の自画像を描くのだから、日本人の民度が低い以上、政治家が無能なのは仕方がない」という意見をよく聞きます。もしこれが本当だとすると、私たちの「民度」が上がらなければずっとこのままということですから、どこにも救いはありません。この〝自虐的〟政治観から抜け出す道はないのでしょうか。

議論の前提として、日本人の民度は低いかもしれないが、それ以外の国もだいたい同じようなもの、ということを確認しておきましょう。

自由とデモクラシーの理想を体現したとされるアメリカでは、有権者の約半数は各州に上院議員が二人いることを知らず、4分の3はその任期を答えられません。半数以上の人が自分たちの州の下院議員の名前を挙げることができず、40%は二人の上院議員の一方すら知らない、という調査結果もあります。そのためアメリカの政治学では、「こんなに民度が低いのに、なぜデモクラシーはそれなりに機能しているのか」が大きな議論になっています。

もうひとつの前提は、ひとの行動はルールに応じて変わる、ということです。

同じトランプゲームでも、ババ抜きではジョーカーは嫌われ、ポーカーや大貧民では最強のワイルドカードとしてみんなが欲しがります。同様に私たちは、社会や組織のルールのなかで自分の利益を最大化すべく合理的な選択をしています。だとしたら、政治家の行動を変えるもっとも簡単な方法は、政治のルールをつくり直すことです。

米国大統領の任期が4年（2期8年）であることからもわかるように、大統領制であれ議院内閣制であれ、いったん政権を選択したら、ある程度の期間任せてみないと結果は出ません。ところが日本では、菅政権が小泉以来の〝長期〟政権になったことからもわかるように、多くの内閣が1年も保《も》たずに消えてしまいます。これでは閣僚は前任者の仕事を引き継ぐだけで手いっぱいで、官僚支配打破をうたいながら、ますます官僚制度に依存するしかありません。当の官僚にしても、すぐにいなくなる上司の命令に従って責任を負おうとは思わないでしょう。

日本の内閣が短命になるのは、衆議院のコピーのような参議院があって、ねじれ国会が常態化するからです。日本国憲法によれば衆議院が政権選択の選挙になるはずですが、そこで第一党を獲得しても参議院で多数を占めなければなにも決められず、立ち往生してしまいます。衆参両院で多数を確保しても、参院選は3年に1回やってきますから、そこで失敗するとまたすべてが止まってしまいます。こんな効率の悪い制度で政治を運営している国は、日本以外あまりありません。

本来の議院内閣制では、衆院選を制した政党の党首が内閣を組織し、最長4年にわたって安定した政権を運営できるはずなのですが、現実には参院選がすぐにやってきて、そのたびに「勝てる党首」をめぐって党内が混乱します。こうした非効率を解消するには、憲法を改正して参議院を廃止し一院制にするか、衆議院の優越を明確にするしかありません。

もちろん、これは簡単なことではありません。しかしそれでも、日本人の「民度」を上げるという遠大で(おそらく)実現不可能な目標に比べれば、ずっと現実的であることは間違いないでしょう。

AKB48総選挙で「政治」を考える

〝国民的イベント〟となったAKB48総選挙を例にあげて、政治とはなにかを考えてみましょう。

原発を存続させるかどうかとか、誰が新曲のセンターポジションで歌うべきかとか、私たちの社会には決めなくてはならないたくさんの問題があふれています。争いが生じるのはひとびとが異なる利害を持っているからで、それを上手に調整しないと社会は混乱してしまいます。そうならないように、みんなが納得するようにものごとを決める仕組みが「政治」です。

独裁政では、一人の独裁者(王様)が絶対的な権力を持ちます。貴族政では選ばれた一部のひとたちが、神権政では神の意思を伝える(とされる)神官がすべてを決めます。それに対して民主政(デモクラシー)では、異なる意見を持つひとたちが討論をして、参加者全員が賛否を投じ、多数決でものごとが決まります。

ところで同じ民主政でも、国（自治体）と株式会社では決め方のルールが大きく異なります。国の選挙は一人一票が原則で、株式会社の株主総会は一株一票です。国民の選挙権はお金持ちも貧乏人も平等ですが、株主総会ではたくさんの株を持っているひとに大きな発言力があります。ＡＫＢ48の総選挙は、一ファン一票ではなく、シングルＣＤに付いている投票権があれば一人で何票も投票できるのですから、これは株式会社型の民主政ということになります。

国政型と株式会社型は、どちらが正しいというわけではありません。

国の政治が一人一票なのは、どのような国をつくるかというひとびとの理想が異なっているからです。あるひとは経済的にゆたかな国がいいと考え、別のひとはたとえ貧しくても家族や地域の絆《きずな》がある国に暮らしたいと考えています。若者が努力して報われる社会にすべきだというひともいれば、高齢者が安心して暮らせる社会を理想とするひともいるでしょう。

しかし残念なことに、国の予算には制約があり、すべての理想を同時に実現することはできません。そんななかである特定のひとたち（お金持ち）に優先的に決める権利を与えると、それ以外のひとたちを納得させることができなくなってしまいます。

それに対して株式会社というのは、株主から資金を集め、事業を行なって利益を上げるための仕組みで、株主の目的は利益の分配を受けることです。公正な分配のルールさえ決まっていれば、そこには価値観の本質的な対立はなく、たくさんの株券を持つ株主がどうすれば自分の利益が最大になるかを決めたとしても、少数派の株主の権利を侵害することは（ふつうは）ありません。逆に一株主一票では、資金を投じるひとはいなくなってしまうでしょう。

ＡＫＢ48のファンのあいだでも、誰を応援するかで意見の対立はあるものの、日本一（世界一）のアイドルグループに育てたいという理想は共有されているはずです。そうであれば、一人一票よりも一株一票の仕組みのほうがずっと優れています。日本では、永田町ではなく秋葉原で、競争原理に基づく正しい「民主政治」が行なわれているのかもしれません。

『ONE PIECE』とフランス革命

いまや「21世紀日本が生み出した聖書」（内田樹《たつる》）とまでいわれる『ONE PIECE』は、「ひとつなぎの大秘宝（ワンピース）」を求めて大海原をゆく〝海賊〟ルフィの冒険を描いています。その壮大な神話的世界をひとことで説明することはとてもできませんが、物語の核にあるのが「仲間」であることは間違いありません。

ところで、仲間とはなんでしょう。

フランス革命で蜂起した民衆は、王政（旧体制）を拒絶し、「自由」「平等」「友愛」の旗を掲げました。とはいえ、近代の「原理」としてあまりにも有名なこの三つのスローガンのうち、自由と平等は誰でもすぐにその意味をつかめるものの、友愛（フラタニティ）という言葉はよくわかりません。日本では「慈善」や「博愛」などとも訳されますが、それが革命とどんな関係があるのでしょう。

フラタニティは、もとは中世のイングランドで流行した民間の宗教団体（結社）のことでした。都市の成立と人口の流動化によって、キリスト教社会のなかに、教区とは別に、自然発生的に信者たちの互助会が生まれました。彼らは貧しいメンバーを経済的に援助するほか、商売仲間が結びついてギルド（職業別組合）と一体化することもありました。

フランス革命では、このフラタニティは宗教的な意味を失い、同じ目的を持つ者同士の「連帯」に変わります。「友愛」とは、自由と平等のためにともにたたかう「仲間」のことだったのです（フリーメイソンは特定の宗教に与《くみ》しない理神論＝自由思想の結社で、フランス革命のリーダーたちの多くがそのメンバーでした）。

ところで、ここでいう「仲間」は、血縁や地縁でがんじがらめにされたムラ社会的な共同体のことではありません。近代的な友愛とは、一人ひとり自立した個人が共通の目的のために集まり、ちからを合わせて理想の実現を目指すことです。ルフィと仲間たちの冒険は、フランス革命に起源を持つ正統的な友愛＝友情の物語なのです。

18世紀末の革命家たちが追い求めた「自由」「平等」「仲間（共同体）」という理想は、啓蒙主義によって人工的につくられたものではありません。民主政（デモクラシー）が西欧社会を超えて世界じゅうに広がったのは、それが私たちの「正義感情」と一致する普遍的な価値を提示したからです。

しかしここにひとつ、大きな問題があります。

「自由」「平等」「共同体」はいずれも人間社会にとって大切な価値ですが、これらの「正義」はしばしば対立します。仲間とは本来、敵とたたかうための組織のことで、それは必然的にメンバーの自由を奪い、仲間と敵を平等に扱うこともできません。現代社会のあちこちで起きる政治的な対立は、ほとんどがこうした相異なる正義の衝突から生まれます。そして残念なことに、この対立は原理的に解決不可能です。

フランス革命が『ONE PIECE』だとすれば、「ひとつなぎの大秘宝」は、「自由」「平等」「共同体」が調和する理想世界のことです。

「ワンピース」はこの世に存在せず、手に入れたと思った瞬間に、蜃気楼《しんきろう》のようにむなしく消えてしまいます。これを〝奇跡〟と呼ぶならば、ルフィと仲間たちはその夢を永遠に生きることで、私たちを魅了してやまないのです。

2 有権者はバカでもいいのか？

有権者がバカでもデモクラシーは成立する？

その奇妙な現象は、ヴィクトリア時代のイギリスの片田舎で開催された「雄牛の重量当てコンテスト」で見つかりました。発見者は、ダーウィンの従弟で、優生学の創始者としても知られる統計学者フランシス・ゴールトンです。

コンテストは、6ペンスを払って雄牛の体重を予想し、もっとも正解に近い参加者が景品をもらえるというものでした。約800人の参加者のなかには食肉関係者や牧場関係者もいましたが、ほとんどは興味本位の素人で、彼らは当てずっぽうでいい加減な数字を書き込んで投票していました。

このコンテストに興味を持ったゴールトンは、主催者から参加チケットを借り、統計的に調べてみました。ゴールトンは最初、参加者のほとんどは「愚か者」で、正解を知っている「専門家」はほんの少ししかいないのだから、参加者全員の平均値はまったくの的外《まとはず》れになるはずだと考えました。

ところが驚いたことに、参加者の予想の平均は1197ポンド（542・96キロ）で、雄牛の体重は1198ポンド（543・41キロ）だったのです。

「みんなの意見は案外正しい」というこの不思議な出来事は、容器に入っているジェリービーンズの数を当てる実験や、複雑な迷路を集団で解く実験などさまざまな事例で確認されています。素人が集まれば、一人の専門家よりずっと正しい答えが導き出せるのです。

ゴールトンは、この現象を次のように考えました。

素人はそもそも雄牛の体重のことなどなにも知らないのだから、その予想はとてつもなく軽かったり（100キロ）、とんでもなく重かったり（1トン）する。しかし、こうした愚かな予想は相殺し合うから、最終的にはゼロになって結果にはなんの影響も及ぼさない。そうなれば、予想の平均は「専門家」の正解に自然と近づいていくはずだ……。「みんなの意見」は、たくさんのなかから真の専門家を見つけ出す効率的な方法なのです。

この「統計の奇跡」から、有権者の民度にかかわらずデモクラシーは機能するという希望が見えてきます。大衆は政治や経済の専門的な知識など持たず、一時の感情に流されて投票しますが、こうした愚かな判断は相殺されて、最終的にはもっとも正しい政策が選ばれる、というわけです。

この理屈は数学的には正しいのですが、それが成立するにはひとつ条件があります。統計の奇跡が起こるためには、「バカ」が正規分布していなければならないのです。もうすこし穏当な表現を使えば、右から左まで多様な意見を持つひとたちがいて、極端な主張や間違った判断がちゃんと相殺されなければなりません。民主的な憲法の下でドイツ国民がヒトラーを選んだように、有権者の選択に強いバイアスがかかっていると、みんなの意見は大きく間違ってしまうのです。

この議論の評判が悪いのは、有権者が「バカ」であることを前提にしているからです。問題なのは有権者の民度が低いことではなく、「バカ」の分布が偏っていることなのです。

今回もなんだか救いのない話になりましたが、日本の政治に「奇跡」が起きるのなら、どれほどバカと呼ばれてもかまわないと思うのは私だけでしょうか。

参考文献：ジェームズ・スロウィッキー『「みんなの意見」は案外正しい』角川書店

有権者が合理的でも、選挙結果はなぜか不合理

２０１１年7月はじめの休日に、街で奇妙なデモ隊と遭遇しました。手づくりのプラカードを掲げた若者たちが、サウンドマシンを積み込んだ軽トラックを先頭に、ラップに合わせて「原発いらない」「子どもを守れ」と歌い踊っています。アニメ風のコスプレ姿もあれば、裸に放射能標識を描いた男性もいます。

物珍しさでしばらく眺めていると、そこに制服姿の高校生たちが通りかかりました。

「きれいごとばっか叫んでるんじゃねえよ」

高校生のひとりが、デモ隊を見て顔をしかめます。

「原発があったから、これまで気楽に暮らしてこれたんだろ」

このように、エネルギー政策をめぐって、国民の間には多様な意見があります。それを、多数決のデモクラシーによってひとつにまとめていくことができるのでしょうか。

ここで、「投票のパラドックス」を説明したいと思います。といっても、これはぜんぜん難しい話ではありません。

ジャンケンでは、グーはチョキに勝ち、チョキはパーに勝ち、パーはグーに勝ちます。このような三すくみ状況では、どれがもっとも強いかを決めることができません。

ここに、発電について異なる意見を持つ三人の有権者がいます。一人は「安全重視」派で、できるだけ安全な発電方法を採用すべきだと考えます。もう一人は「コスト重視」派で、電力がなければ日本の産業は成り立たないのだから、発電コストは安い方がいいと主張します。最後の一人は「環境重視」派で、地球の未来を考えれば二酸化炭素の排出量を減らすのが人類の責務だと力説します。

そこで、発電方法として火力発電、原子力発電、太陽光発電（再生可能エネルギー）の三つがあるとしましょう。

「安全重視」派は、危険な原子力よりも安全な火力発電を迷わず選択します。太陽光と火力なら、安全性は同程度ですから、温暖化ガスを排出しない太陽光を好むでしょう。

「安全重視」派	太陽光 ＞ 火 力	火 力 ＞ 原子力
「コスト重視」派	火 力 ＞ 原子力	原子力 ＞ 太陽光
「環境重視」派	原子力 ＞ 太陽光	太陽光 ＞ 火 力

選挙をしてみると……

↓

太陽光 ＞ 火 力	二人
火 力 ＞ 原子力	二人
原子力 ＞ 太陽光	二人

「コスト重視」派は、太陽光は発電コストが高すぎて非現実的だから、当面は原発を稼働させるしかないと考えます。しかしその原発も、廃炉費用を含めた総コストは火力と変わりませんから、より安全な火力を選択します。

「環境重視」派は、大量の温暖化ガスを排出する火力はできるだけ減らすべきだとして、太陽光を支持します。しかし、それだけで必要な電力を賄えないのは明らかですから、二酸化炭素を出さない原子力で地球温暖化を防ぐほかないと思っています。

この三つの立場は、正しいか正しくないかは別として、首尾一貫しています。ところがこの論理的な三人が多数決で決着をつけようとすると、前頁の図のような奇妙なことになってしまいます。

「選挙」の結果は、火力よりも太陽光を好むひとが二人、原子力よりも火力を好むひとが二人ですから、理屈のうえでは、太陽光は原子力よりも好まれなければなりません。しかし実際には、太陽光より原子力を支持するひとが二人いることになってしまうのです。

前回は、参加者が無知でも投票の結果が合理的になる不思議な仕組みについて書きました。しかしここでは、すべての有権者が合理的であっても、選挙結果はなぜか不合理になってしまうのです。

「みんなの選択」が合理的だと社会は崩壊する?

わたしたちは日々、無数の「選択」をしています。

インターネットで音楽をダウンロードするときも、近所のコンビニで夕食のおかずを買うときも、たくさんの選択肢のなかから安くて楽しいもの(おいしいもの)を選ぼうと頭を悩ませます。その一方で売り手の側は、自分の商品をすこしでも高く、たくさんのひとに買ってもらおうと努力しています。

市場におけるこうした「わたしの選択(プライベートチョイス)」では、ひとびとは自分がもっとも得をするよう(おおむね)合理的に行動しています。このことに気づいたことで、経済学は市場をモデル化する「科学」になりました。

ところでわたしたちの生活は、私的な選択の積み重ねだけでできているわけではありません。人間は社会的な動物ですから、「みんな」で決めなくてはならないことがたくさんあります。この「みんなの選択(パブリックチョイス)」が、すなわち「政治」です。

「わたしの選択」が損得(経済合理性)で決まるとして、「みんなの選択」はなにを基準に行なわれるのでしょうか。もちろん、ひとびとが利他的ならば、「みんな」にとっていちばんいい選択で決まるにちがいありません。

でも世の中にはひねくれ者の経済学者がいて、これはちょっとおかしいんじゃないか、といいだしました。「わたしの選択」のときは利己的で、「みんなの選択」では利他的に行動するのでは、話がうますぎるからです。

そこで彼は、「みんなの選択」でも、ひとびとは利己的に行動するはずだと考えました。政治の世界には政治家、官僚（役人）、有権者という異なる立場の参加者がいて、それぞれが、自分がもっとも得をする選択をしているのです。

政治家は、落選してしまえば「ただのゴミ」ですから選挙に勝つことが最大の目的で、そのためにより大きな地位と権力を手に入れようとします。

役人は国や市民のために仕事をしていますが、自分や家族の生活まで犠牲にしようとは思わないでしょう。彼らが最優先するのはできるだけ多くの予算を獲得し、それが無理でも自分たちの権益を死守し、定年まで安定した生活を送ることです。

国政選挙のような大人数の投票において一票はほとんど価値がありませんから、一般の有権者にとってもっとも合理的な行動は選挙になど行かず、その時間をもっと有効に使うことです。それでもわざわざ投票するのは、公共事業の受注や参入規制の維持など、特定の利害関係があるからにちがいありません。

このようにして、すべての参加者が自分にとって「合理的」な選択をすることで、政治家は有権者にお金をばらまき、官僚機構は肥大化し、あらゆる改革は骨抜きにされて、財政はとめどもなく悪化していくことになります。

当然のことながら、こうしたシニカルな見方は、デモクラシーの理想を踏みにじるものとして強い反発や批判を浴びてきました。有権者や官僚のなかにも、あるいは政治家のなかにだって、個人の利害を捨てて公共の利益に奉仕するひとがいるにちがいないからです。

政治の世界が、すべて「陰謀」によって動いているわけではありません。しかしこの話のもっともおそろしいところは、一人ひとりが善意のひとであったとしても、無意識の「合理的選択」によって社会全体が崩壊に向かって突き進んでいくところにあるのです。

参考文献：ジェームズ・M・ブキャナン、ゴードン・タロック『行きづまる民主主義』勁草書房

日本を救う政治家を選ぶ方法

混迷する日本の政治を担う人物を、私たちはどのように選べばいいのでしょうか。

じつはこれは、科学的にはすでに答えが出ています。

ひとつは、候補者の演説など聞かずに直感で決めればいい、というものです。授業風景を撮影したビデオを大学生に見せて、その教師が有能かどうかを判断させるという実験があります。それを1学期終了後の評価と比べてみると、ほとんど違いがないことがわかりました。

当たり前だと思うでしょうが、じつは学生たちの観たビデオには音声がありませんでした。これでもまだ驚きませんか？　だったら、音声なしの授業風景を10秒観ただけだとしたらどうでしょう。

実際には、この実験には5秒と2秒のビデオも使われました。わずか2秒でも、学生たちの判断はその教師の授業を何度も受けた学生と大差なかったのです。

この知見を選挙に応用すれば、告示直後に公共放送で各候補10秒の映像を流して、翌日投票すればいいということになります。これなら選挙費用もずいぶん節約できるでしょう。

ビデオ選挙があまりにも安易だと思えば、もうすこし〝科学的〟な選考方法もあります。

人間の耳は、500ヘルツより低い周波数は意味のない雑音（ハミング音）としか聴こえません。私たちが会話をするとき、最初はハミング音の高低はひとによってまちまちですが、そのうち全員が同じ高さにそろうことが知られています。ひとは無意識のうちに、支配する側にハミング音を合わせるのです。

声の周波数分析は、アメリカ大統領選挙のテレビ討論でも行なわれています。1960年から2000年までの8回の大統領選挙では、有権者は、ハミング音を変えなかった（すなわち相手を支配した）候補者を常に選んできました。

私たちは低周波の雑音を無意識のうちに聞き分けて、誰がボスなのかを瞬時に判断します。与党と野党の党首のなかで誰が日本を率いるべきかは、わざわざ面倒な選挙などやらなくても、討論のハミング音を計測して決めればいいのです。

こうした心理実験は、私たちが理性をはるかに上回る素晴らしい「直感力」を持っていることを示しています。難しい理屈をこねなくても、最初の2秒の「なんとなく」で決めればたいていのことはうまくいきます。

これは考えるのが苦手な私たちにとって朗報ですが、残念ながら、直感はときどき破滅的な選択をすることもあります。それは、私たちの判断が外見に大きく引きずられるからです。

アメリカの企業経営者（CEO）の大多数が白人男性であることはよく知られていますが、じつは彼らの多くは長身でもあります。アメリカ人男性の平均身長は175センチですが、大手企業の男性CEOの平均身長を調べると182センチでした。さらに、

188センチ以上の男性はアメリカ全体で3・9%しかいないのに、CEOでは3分の1近かったのです。

直感力はとても役に立ちますが、有効な領域は限られています。だからこそ私たちは、しばしば見栄えのいい愚か者をリーダーに選んでヒドい目にあっているのです。

参考文献：マルコム・グラッドウェル『第1感――「最初の2秒」の「なんとなく」が正しい』光文社
フランス・ドゥ・ヴァール『あなたのなかのサル』早川書房

3 カリスマとハシズム

ハシズムとネオリベ

2012年2月、橋下徹大阪市長率いる「大阪維新の会」は、次期衆議院選挙の事実上の公約となる「維新八策」で、不動産を含む遺産の全額徴収を検討していました（正式版では外されました）。私たちは、この「相続税100%」をどのように考えればいいのでしょうか。

「維新の会」とは逆に、世界には相続税のない国がたくさんあり、先進国のなかではカナダ、オーストラリア、ニュージーランドなどがよく知られています。これらの国が相続税を廃止したのは、それが不公平な二重課税とされたからです。

私たちは働いて得た収入から所得税を払い、預金や株式投資、不動産賃貸などの利益にも税金がかかります。相続税の課税対象になるのは、これらの税金を納めたあとに手元に残った財産です。
税制の基本は、「いちど課税したところに再び課税することはできない」という二重課税の禁止です。これが、納税後の資産に相続税を課すことのできない根拠とされています。

相続税に反対するひとたちは、「財産を放蕩《ほうとう》で使い果たせば課税せず、子孫に残そうとすると高率の税を課すのは、国家が家族を愛することに懲罰を加えているのと同じだ」と主張しています。実際に相続税を廃止する国があるように、この批判はかなりの説得力を持っています。

それに対して、北朝鮮など特殊な例を除けば、国民の財産を没収する国家は存在しません。しかしそれでも、「維新の会」の主張にはそれなりの理屈があります。それは、「権利と義務は個人にのみ帰属する」という究極の個人主義です。そうであれば、持ち主が死んでしまえば財産権も消滅しますから、遺産は国家に回収されるのが当然、ということになります。

「維新の会」が遺産の全額徴収という過激な政策を検討したのは、「高齢者がお金を貯め込むのがデフレの原因」と考えているからでしょう。「生きているあいだに全財産を使い切れば景気はよくなる」との理屈です。

もちろん現実には、遺産の没収などできるはずはありません。中小企業の経営者なら、財産の大半は工場や店舗の不動産か自社株ですから、これを取り上げてしまうと会社が倒産して従業員が路頭に迷ってしまいます。そうかといって適用除外をつくれば、誰もが節税に血眼になって大混乱になるでしょう。

しかしここで興味深いのは、「遺産没収」に思ったほど反対の声が上がらなかったことです。大半のひとは「ただの話題づくり」と無視したのでしょうが、じつは高齢者自身が、「維新の会」の主張にどこか共感していたのかもしれません。

高齢者が資産を手放さないのは、年金制度が破綻して一文無しで街に放り出されることを恐れているからです。老後の不安がなくなれば、子どもや孫に残すより、人生を思い切り楽しむことに使いたい、というのが本音《ほんね》ではないでしょうか。

「維新八策」は実現可能な公約というよりも、日本人の政治意識のリトマス試験紙のようなものでした。

橋下市長の政策の基本は、市場原理に基づく新自由主義（ネオリベ）です。それが圧倒的な人気を博したのは、日本人がもともとネオリベ的な個人主義にきわめて親和性が高いからなのかもしれません。

「独裁者」はまた現われる

２０１１年11月の大阪のダブル選挙で橋下徹前知事が率いる「大阪維新の会」が圧勝しました。選挙結果については「独裁だ」との批判から「これこそが民主主義だ」という賛美までさまざまでしょうが、ここでは地方で相次いで〝反乱〟が起きている理由を経済的な側面から考えてみましょう。

〝地域主権〟を求める主張は多岐《たき》にわたりますが、そのなかでもっとも有権者の関心を集めたのが、地方議員や地方公務員の待遇であることは間違いありません。鹿児島県阿《あ》久根《くね》市の〝ブログ市長〟は数々の奇矯な振る舞いで批判されましたが、それでも市長選で多くの支持を集めたのは、市議会議員の報酬や市職員の給与の明細を公開したからです。

それによると、阿久根市職員の平均年収は６５５万６０００円で、平均年収２００万～３００万円という阿久根市民の2～3倍にあたります。さらに市職員の受け取る退職金は平均で２６５０万円（定年前の退職勧奨に応じた場合は３２９５万円）で、これは一部上場企業並みの厚遇です。

市民の代表として税金の使い道を監督する市会議員はというと、議員報酬や期末手当、政務調査費、議員日当などを加えて1年間で435万円の公金を受け取っています。それに対して地方議会の期日は年間で80日（実質は20日）程度で、地方議員のほとんどは本業を持っているため、政治家の仕事は割のいい〝副業〟となっているとのことです。

ここで暴かれたのは、地方議員と地方公務員が自分たちの都合のいいように公金を山分けする実態でした。阿久根市では税収が20億円しかないにもかかわらず、2008年度はなんと27億円を議員や市職員の人件費として支出していたのです（国からの交付金33億円の一部までが人件費に使われています）。

ほとんどの自治体では首長もこのもたれ合いの構図の上に載っているため、〝不都合な真実〟はなかなか表に出てきません。市民が事実を知るためには「独裁者」が必要だったのです。

もちろん地方議員や地方公務員にも言い分はあります。地方議員の報酬は地方自治法に基づいて条例で定められており、地方公務員の給与は人事院勧告に準拠しているだけで、不当に得をしているわけではないというのです。こうした条例や勧告は、その趣旨からいえば、民間の給与を基準にして〝公僕〟としての適正な報酬を定めることを目的にしています。

ではなぜ、このような理不尽な事態が起きているのでしょう。それは「失われた20年」で民間人の所得が減ってしまったのに対して、公人の所得には減額の仕組みが備わっていなかったからです。
ひとびとがデフレで苦しんでいても、公務員の給与は年齢とともに着実に上がっていきます。それが20年間積み重なって、現在の「公務員天国」ができあがったのです。大阪や名古屋で起きたのは、公務員と民間人の「経済格差」の是正を求める大衆運動でした。この問題は日本じゅうどこでも同じですから、テレビなどで顔を知られた人気者であれば、〝ポピュリスト〟として権力の座を射止めるのは難しくないでしょう。ゲームのルールが明かされた以上、私たちはいずれ第二、第三の「独裁者」を見ることになるのかもしれません。

参考文献：竹原信一『独裁者――〝ブログ市長〟の革命』扶桑社

小沢一郎はなぜエラそうなのか？

2012年7月、小沢一郎が50人以上の議員を引き連れて民主党を離党しました。これが自滅への道なのか、政界再編の立役者として返り咲くのかはわかりませんが、いまでも日本でもっとも注目を集める政治家の一人であることは間違いありません。

ベストセラーとなった『日本改造計画』(講談社)の小沢一郎は、日本を「ふつうの国(グローバルスタンダードの国)」にしようとする開明的で合理的な政治家でした。元秘書だった石川知裕《ともひろ》が『悪党—小沢一郎に仕えて』(朝日新聞出版)で描いたのは、自宅で書生に雑巾がけをさせる古色蒼然《そうぜん》たる〝オヤジ〟の姿です。自民党から新進党、自由党、民主党への遍歴のなかで袂《たもと》を分かったかつての仲間たちは、ひとをひととも思わぬ残酷さにそろって怨嗟《えんさ》の声をあげます。

政治家なら誰もがいちどは小沢一郎に憧れ、やがて裏切られ捨てられていく。しかしいつのまにか、新人議員たちが彼のまわりに集まってくる。そんな不思議な魅力と複雑な人格(キャラ)が人気の秘密なのでしょう。

ところでここで考えてみたいのは、小沢一郎はなぜあんなにエラそうなのか、ということです。

特定の集団のなかで、お互いに相談しあってなにかを決めることはよくあります。こうした集団での決定を観察すると、そこに簡単明瞭な法則があることが知られています。それは「最初に自信たっぷりに発言したひとの決定に従う」ことと、「一貫していてブレない主張を信じる」ことです。

ここでのポイントは、その主張が正しいかどうかはどうでもいい、ということです。どんなデタラメでも同じことを自信にあふれた口調で繰り返していると、それを信じるひとが出てきます。その人数が増えてくると、さらにまわりを巻き込んで、大きな集団をつくっていきます。カルト宗教から革命まで、歴史はゴーマンな人間を中心に回っているのです。

こうしたテクニックは、会議の冒頭でいきなり大声を出してジコチューな発言をする、というような場面で使われます。これはきわめて効果的な方法で、どんな批判にもいっさい妥協せず頑なに同じ主張を繰り返していれば、やがて相手が折れて議論に勝つことができるでしょう（ネットでもよく見かけます）。

その一方で、この方法にはリスクもあります。たんなる演技では〝上から目線〟と馬鹿にされ、総スカンを食ってしまうのです。ゴーマンにはそれなりの作法というか、存在感が必要なのです。

永田町にもゴーマンが似合う政治家はほとんどいなくなってしまいました。どこを見ても、甘やかされた二世議員か頭のいいお坊ちゃん（お嬢ちゃん）ばかりです。彼らは腰が低く、さわやかな笑顔で有権者にすり寄りますが、エリート臭さを見透かされて大衆的な人気を獲得することができません。

その意味で小沢一郎は、いまや絶滅危惧種となった傲岸《ごうがん》不遜《ふそん》な政治家です。

ひとびとが合理的な意見よりもエラそうな主張を好むなら、小沢一郎のような、〝上から目線〟の政治家がいつかまた復活するかもしれません。

「首相が変われば日本はよくなる」という幻想

野球でもサッカーでも、チームが負けてばかりいるとファンやサポーターは「監督を辞めさせろ」と騒ぎ出します。「負けたのは選手が悪いからじゃない。監督が代わればチームは生まれ変わるはずだ」というのが、世界共通のファン心理だからでしょう。サポーターなら誰でも選手を愛してやまないし、かといって敗戦の責任は誰かがとらなくてはなりません。だとしたら、生贄《いけにえ》に捧げるのは監督しかいない、ということになります。

多くのひとが誤解していますが、古代社会の王は絶対権力者として民衆の上に君臨していたのではありません。古代の王は神との交渉係で、ひとびとは王がその仕事をうまくやっているかぎりにおいて崇《あが》め奉ったのです。そのかわり日照りや長雨など悪いことがつづくと、神を怒らせたとして、民衆はさっさと王の首をはねて生贄にしてしまいました。

東日本大震災の後、菅首相への批判はとどまるところを知りませんでした。「能力がない」「逆切れする」というのはまだマシなほうで、「ひととして間違っている」「こころを病んでいる」など人格を全否定するようなものも目立ちました。当然のことながら支持率も低迷し、震災直後でも20％前後をうろうろしていました。評判の悪かったブッシュ前大統領ですら9・11同時多発テロの直後は支持率90％に達したことを思えば、この不人気は驚異的です。

あらかじめ断わっておきますが、私はこの驚くべき人望のなさを擁護するつもりはありません。とはいえ、「菅以外なら誰でもいい」という倒閣運動は、「後任はサルだっていい」と怒り狂うサポーターとまったく同じだったということも述べておかなくてはなりません。

日本では総理大臣が毎年のように代わりますが、これはバブル崩壊以降、20年にわたって日本経済がずっと不況だったからです。これにはさまざまな理由があり、みんなそのことはなんとなくわかっているのですが、現実に悪いことが起きている以上、誰かが責任をとらなくてはなりません。このようにして次々と首をはねた結果、この国はいつのまにか〝元総理大臣〟だらけになってしまいました。

冷静になって考えてみると、私たちはこの20年間、「首相が辞めれば政治はよくなる」「政権交代すれば日本は変わる」とずっと聞かされつづけてきました。格差社会の元凶は〝市場原理主義〟の小泉政権で、年金制度が崩壊したのは安倍内閣（第一次）の責任で、〝宇宙人〟鳩山は平成の脱税王だ……。もちろんこうした批判には、それぞれ真っ当な理由があるのでしょう。ただ、代わるたびにどんどんヒドくなっているような気がするのは、私だけでしょうか。

「首相劣化の法則」にしたがって、菅首相は見事、「最低」記録を更新してしまったようです。次の国政選挙で民主党の大敗北は必至でしょうから、よってたかって政権の座から引きずりおろされたのも自業自得です。

でも次は、いったいどんなキャラが来るのでしょうか。今の総理大臣よりもっとヒドい政治家はいくらでもいそうなのに、誰も不安にならないのでしょうか。

内閣総理大臣殿。

ダメなのは、あなたでしょうか、

いいえ、誰でも。

後記／菅首相の後は野田首相が就任し、その後は自民党が政権を奪い返し安倍政権が成立します。3・11の直後にはテレビCMが自粛され、詩人金子みすゞの「こだまでしょうか、いいえ、誰でも」の朗読がACジャパンの公共広告として繰り返し流されました。

「強いリーダー」はなぜいないのか？

２０１１年末には北朝鮮の金正日《キムジョンイル》総書記が急逝し、翌12年は米大統領選や中国共産党の政権交代など重大イベントが目白押しで、ユーロ危機はあいかわらず薄氷を踏むような状態がつづいています。そんななか、日本にも「強いリーダー」が必要だとの声が日増しに大きくなっています。

ところで、日本にはなぜ強いリーダーがいないのでしょう。この疑問はふつう「政治家がだらしないからだ」と一蹴されてしまうのですが、そんな簡単な話ではないかもしれません。

１９８０年代から、世界80カ国以上のひとびとを対象に、政治や宗教、仕事、教育、家族観などについて訊《き》く「世界価値観調査」が行なわれています。これだけ大規模な意識調査はほかになく、その結果もきわめて興味深いのですが、２００５年調査の全82問のなかで、日本人が他の国々と比べて圧倒的に異なっている項目がひとつあります。

近い将来、「権威や権力がより尊重される」社会が訪れたとすると、あなたの意見は「良いこと」「悪いこと」「気にしない」のどれでしょうか。

集計結果を先進国で比較すると、フランス人の84・9％、イギリス人の76・1％が、社会を運営するためには権威や権力は尊重されるべきだと考えています。マリファナや安楽死を容認するオランダで70・9%、自助・自立を旨とするアメリカでも59・2%が権威や権力は必要だと回答し、権威的な体制への批判が噴出する中国ですら43・4%が権力は好ましいものだと考えています。

それに対して日本人は、この質問にどのように回答したのでしょうか。

驚くべきことに、日本人のうち「権威や権力を尊重するのは良いこと」と答えたのはわずか3・2%しかいません。逆に80・3%が「悪いこと」と回答しています。この結果がいかに飛び抜けているかは、権威や権力への信頼度が2番目に低い香港でも22・6%が「良いこと」と回答していることからも明らかです。

私たちは、世界のなかでダントツに権威や権力が嫌いな国民だったのです。

日本人がなぜこのような特異な価値観を持つようになったのかは意識調査だけではわかりませんが、第二次世界大戦の経験が影響していることは間違いないでしょう。権威や権力を振りかざす政治家や軍人を信じたら、広島と長崎に原爆を落とされ、日本じゅうが焼け野原になり、民間人を含め300万人もが犠牲になったのですから、もうこりごりだと思っても不思議はありません。

しかしそれでも謎は残ります。敗戦によって同じような惨状を体験したドイツでも、半分（49・8%）のひとが「権威や権力は尊重すべき」とこたえているからです。

日本の歴史を振り返ると、「独裁者」と呼べそうな支配者は織田信長くらいしか見当たらず、徳川家康を筆頭に、あとはみんな調整型のリーダーばかりです。だとしたら日本人は、大昔から権威や権力を嫌ってきたのかもしれません。

もちろんこれについてはいろいろな解釈があるでしょうが、ひとつだけはっきりしていることがあります。

日本に「強いリーダー」がいないのは、誰も望んでいないからです。これまで1000年以上にわたってそうだったのだから、これからもたぶんずっとそうなのでしょう。

4　不愉快な問題

〝おまるカレー〟問題

私たちはみんな、ヘビが大嫌いです。

赤ん坊に長くてにゅるにゅるしたものを見せると、怖がって泣き出します。これはサルの子どもも同じで、檻《おり》の中にヘビを入れると悲鳴をあげて逃げまわります。このことから、ヘビに対する嫌悪感は親から教えられる文化的なものではなく、進化の歴史のなかで遺伝子にあらかじめ組み込まれたプログラムだということがわかります。

進化論では、長くてにゅるにゅるしたものを警戒しない個体は、毒ヘビに咬《か》まれてうまく子孫を残すことができなかったと考えます。なにかの偶然でヘビを嫌悪するようになった遺伝子だけが、進化の歴史を生き残ることができたのです。

同じことは排泄物《はいせつぶつ》にもいえます。ネコは自分のなわばりの中では排泄せず、終わったあとは後ろ足で砂をかけます。動物の多くがきれい好きなのは排泄物が病原菌を繁殖させ、病気の原因になることを（遺伝子が）知っているからで、不潔な場所で暮らす個体は進化の途中で淘汰されてしまったのです。

排泄物への嫌悪が生得的なものであることを証明するかんたんな実験があります。被験者をおまる（簡易便器）の工場に連れていき、それがいまつくられたばかりの未使用のものであることを確認してもらいます。次に、そこにカレーライスを盛って、食べるよう勧めてみましょう。この〝おまるカレー〟を食べられるひとは、おそらくほとんどいないでしょう。

理性では、便器が清潔なものであることはもちろんわかっています。しかしその一方で、便器は糞便《ふんべん》を連想させ、遺伝子のプログラムが強い警告を発します。この生理的な嫌悪感はとてつもなく強いので（想像しただけでわかるでしょう）、理性などなんの役にも立たないのです。

なぜこんな汚い話をするかというと、これが震災がれき処理問題の本質だからです。放射能というのは、目に見えず、科学のちからで処理することができず、ガンの原因になり、とりわけ幼い子どもに大きな害を及ぼします。すなわち、ひとに生理的な嫌悪感を与える「気持ち悪さ」のすべての要素を兼ね備えています。

電力会社や原子力の専門家はもちろんこのことを身に染みて知っているので、これまで「絶対安全」を繰り返してきました。ところが福島の原発事故で安全神話が根底から崩壊すると、ひとびとは信頼の根拠を失って、放射能本来の「気持ち悪さ」が前面に出てきてしまったのです。

がれき処理の難しさは、〝おまるカレー〟と違って、安全を科学的に証明することが不可能なことにもあります。微量の放射能でも遺伝子を傷つける可能性はあり、「生体に悪影響を及ぼすことはない」と言い切ることはできません。これに生理的な嫌悪感が加わるのですから、どのような理性的な説得も効果がないのは当たり前です。

低線量のがれきが処理できるようになっても、原発周辺の汚染されたがれきの行き場はないままでしょう。住民が納得する除染を行なおうとすれば、天文学的な費用がかかります。

放射能汚染は、原理的に解決不能なさまざまな問題を引き起こします。これから何世代にもわたって、私たちはそのことを思い知らされることになるのでしょう。

原発と野生動物

南アフリカのボツァラノ動物保護区域には、かつてはたくさんの豹《ひょう》が棲息《せいそく》していました。しかしいまでは、私たちはその優美な姿を目にすることはできません。

なぜ南アフリカの豹は消えてしまったのでしょうか？ それは動物を愛するひとたちが、彼らを「保護」しようとしたからです。

ヘミングウェイが『キリマンジャロの雪』で描いたように、かつてアフリカには、野生動物を目当てに大勢の白人ハンターがやってきました。彼らにとって大型肉食獣は最高の勲章で、地元のガイドは、豹を仕留めて有頂天になったハンターから多額のボーナスをもらうことができました。

ハンティングのガイドはふだんは農民で、牛や羊を飼って暮らしていました。家畜は豹の格好の獲物になっていましたが、農民たちはそれを仕方がないことだと考えていました。白人のハンターは、斑点《はんてん》のついた毛皮や剝製《はくせい》にした豹の頭を持ち帰るためなら金に糸目をつけず、牛や羊が何頭も買えるお金を地元に落としていったからです。

ところがアメリカやイギリスで動物愛護運動が盛り上がると、毛皮や剝製を国に持ち込むことが違法とされ、やがてサファリ（アフリカでの狩猟）は植民地主義の象徴として激しい道徳的批判を浴びるようになりました。

こうして、ハンターたちはアフリカにやってこなくなりました。それでいったいなにが起きたのでしょう。

野生動物と共存していたアフリカの農民たちにとって、いまやライオンや豹やチーターは、一銭のお金にもならないばかりか、大切な家畜を襲う害獣でしかありません。彼らは生活を守るために〝害獣駆除〟に乗り出し、オスもメスも、子どもや赤ん坊まで、たちまちのうちに殺し尽くしてしまったのです。

この話の教訓はなんでしょう。

ケニアや南アフリカの動物保護区は、いまではサファリツアーの一大観光リゾートになっています。観光客はハンティングではなく、野生動物を観察するために多額のお金を払っています。

もしも私たちに未来を見通すちからがあったとしたら、アフリカの野生動物を保護する方法はまったく別のものになっていたでしょう。彼らの〝いのち〟を守るもっとも効果的な方法は、ハンティングの料金を引き上げることで地元に経済的利益をもたらし、狩猟頭数を厳密に管理しながら、動物を傷つけないエコ・ツーリズムを普及させていくことでした。そうすればボツァラノの豹も絶滅を免れ、いまも世界じゅうから多くの観光客を集めていたはずです。

しかしこの現実的な改革案は、「営利のためにアフリカの動物たちが無慈悲に殺されている」と告発する愛護運動のひとたちにはまったく受け入れられませんでした。彼らはいますぐ「理想」を実現することを要求し、そして、なにもかも台無しにしてしまったのです。

日本にも「すべての原発を即座に永久に廃棄せよ」と主張する理想主義者が溢《あふ》れています。彼らの善意に疑いはなく、原発という技術に未来はないとも思いますが、それでもつい、「理想」によって絶滅した豹たちのことを思い浮かべてしまうのです。

東京電力には値上げの「権利」がある

２０１１年12月、東京電力の値上げ問題で、「料金の申請というのは、われわれ事業者としての義務というか、権利です」という西澤俊夫元社長の発言が強い批判を浴びました。原発事故で赤字になったのが値上げの理由ですから、利用者が怒るのも当然です。

しかしここでいちど冷静になって、値上げ申請が「義務」や「権利」になるのはなぜかを考えてみましょう。

株式会社は株主を「主権者」とする法人で、日本の会社法においても株主が株式会社の所有者であることは明確です。

株主は、株主総会で自らの利害を代弁する取締役を選任し、取締役は議長（代表）を中心に取締役会を開催して、会社の経営を任せる責任者を決めます。取締役会の代表が「代表取締役」で、取締役会によって任命された経営者が「ＣＥＯ（最高経営責任者）」

です。

この仕組みを国家にたとえるなら、株主は主権者である国民、取締役は選挙で選ばれた国会議員、代表取締役が首相で、官庁という事業部を監督する責任者が大臣ということになります。

日本の会社はほとんどの場合、取締役会の議長がＣＥＯを兼ねて「代表取締役社長」になります。もちろんこの一人二役でも、社長が株主に責任を負う仕組みは変わりません。

国家と会社には、ひとつ大きなちがいがあります。国民はさまざまな理由で政治家に投票しますが、投資家が株式を買う理由はたったひとつしかありません。それは、「儲《もう》ける」ことです。

東京電力の株主は、電力の安定供給や被災者への補償のために株式を保有しているわけではありません。彼らの要求は、東京電力が一日も早く利益を出して、株主に配当することです。

最高経営責任者の使命は株主利益の最大化ですから、みすみす損をするようなことが許されるはずもなく、値上げ申請は「義務」です。代表取締役は株主の代表者ですから、電気料金を値上げして利益を確保するのは「権利」です。「値上げ申請は義務であり権利」という発言は、社会常識から見ていかに奇妙でも、株式会社の原則に照らせば完全に正しいのです。

ただし東京電力には、原発事故の損害賠償で実質的には巨額の債務超過になっている、という特別な事情があります。政府の資金支援でかろうじて生きながらえているのですから、株主が所有しているのは利益を生まないゾンビ企業です。

だとすれば、この問題の解決はとても簡単です。東京電力を破綻させて国有化してしまえば株主の権利は消滅し、被災者への賠償や利用者負担の軽減を第一に考えることができるようになるでしょう。それが実現しないのは、原発事故の賠償責任を負いたくない政府が民間企業としての東京電力を必要としているからです。

民間企業なら、株式会社のルールに則って、黒字になるまで電力料金を引き上げようとするのは当然です。政府が保有する株式の比率については調整が難航しているようですが、中途半端な〝半国有化〟では他の株主と利害が対立して混乱するだけです。「権利」や「義務」が間違っていると本気で思うのなら、無駄な生命維持装置を外して、東京電力を本来いるべき場所に還せばいいのです。

後記／2012年7月、政府は東京電力に1兆円の公的資金を投入し、50・11％の議決権を握って〝実質国有化〟したとされていますが、東京電力はいまも株式を上場し、半官半民状態は相変わらずつづいています。

議論するほど亀裂は深まる

２０１２年7月、日本のエネルギー政策について国民の声を聴く聴取会が混乱に陥りました。

会議のルールを決めたのは大手広告代理店で、２０３０年の原発比率を０％（脱原発）、15％（漸減）、20〜25％（現状維持）のいずれにすべきか三つの選択肢を示して希望者を募り、そのなかから3名ずつを抽選で選んだところ、電力会社の社員が相次いで原発の必要性を述べたため、反原発派の聴衆が強く反発して会議が紛糾した、という次第です。

聴取会への批判は、「電力会社の社員は原発の利害関係者で、個人ではなく会社の主張を述べているだけだ」とか、「世論調査では脱原発の意見が圧倒的なのに、すべての選択肢で同じ人数が発言するのはおかしい」というものです。たしかにもっともなような気もしますが、次のような疑問も浮かびます。

電力会社が社員に聴取会への応募を呼びかけていたとか、発言者に原発維持の意見を述べるよう指導していたなら問題でしょうが、そのような事実はないようです。だとすれば、電力会社の社員であっても国民の一人である以上、自由な発言の権利は保障されるべきではないでしょうか。

多数派には無条件でより大きな決定権が与えられるという考え方は、「多数派による専制」と呼ばれます。健全な民主政のためには少数意見を尊重すべきだということは、中学校の公民の教科書にも書いてあります。聴取会において原発推進派は圧倒的な少数派なのですから、私たちは彼らの意見にこそ真剣に耳を傾けるべきなのかもしれません。

とはいえ、反原発派の怒りにも理由がないわけではありません。この聴取会は、最初から結論が決まっているからです。

天ぷら定食に松竹梅の三つのコースを用意すると、大半のひとが竹を注文することはよく知られています。私たちは無意識のうちに極端な選択を嫌い、中庸《ちゅうよう》を好むのです。こうした習性を利用して、店はもっとも利幅の大きな料理を竹にして、その上下に松と梅を配置するのです。

それと同様に、エネルギー政策の聴取会では、はじめに「原発漸減（竹）」という結論があって、その上下に「原発廃棄（松）」と「原発推進（梅）」という極端な意見が配置される構図になっています。脱原発派が「フクシマの後にこれまでと同じ原発政策をつづけることは許されない」と正論を述べ、推進派が「日本の電力は原発なしでは維持できない」とデータで反論します。両者の意見は真っ向から対立して合意は不可能ですから、それを聞いたひとは、無意識のうちに中庸を選んで「原発漸減」の竹コースを支持するようになるのです。

エネルギー政策聴取会は、原発問題に対して国民的な「熟議」の場を提供することを目的としていました。ところが実際にやってみると、罵詈雑言《ばりぞうごん》で議論どころではありません。おまけに結論が決まっているとしたら、なんのためにこんなことをしているのか疑問に思うのは当然です。

原発をめぐる意見の対立を前にして、「熟議」を説くひとたちがいます。しかし聴取会の現実は、「議論するほど亀裂は深まる」というやっかいな問題を私たちに突きつけたのです。

私たちのエゴが原発を止める

コップのなかに水が半分入っています。これを、「水が半分も入っている」と書くか、「まだ半分しか入っていない」と表現するかで印象は大きく異なります。

将来の原子力発電の比率をめぐる世論調査でも、同じことがいえます。原発に批判的なメディアは「原発ゼロの支持最多」と書き、電力供給の安定を求める経済界の立場を反映するメディアは「原発を容認する意見が半数」と報じます。

世論調査の結果を評価する際には、サンプルの偏りも問題になります。政府の行なった討論型世論調査では、日本の平均と比べて男性の比率が多く、30代以下の若者層が少ないことがわかっています。意見聴取会やパブリックコメントでは「原発ゼロ」が圧倒的多数を占めますが、これはそもそも「反原発」の意思表示をしたいひとが集まるのですから、それを「世論」とするのは間違いです。

２０３０年時点の原発比率についてメディアが行なった世論調査（２０１２年）では、「ゼロ」がおよそ4割、「15％」が3割、「20～25％」が2割となっていました。脱原発派が国民の最多数であることは間違いありませんが、原発を容認するひとも半数おり、まさに国論を二分していたことがわかります。

ところで、こうした意見の分かれる問題を投票による多数決で決めようとすると、中庸（真ん中）が選ばれることが知られています。原発なしでは日本経済は成り立たないと主張するひとにとっては、「ゼロ」よりは「15％」の方がまだマシでしょう。脱原発を理想としつつも、20年後に全廃するのは非現実的だから、徐々に減らしていくほかはないと考えるひともいるはずです。こうして先進国の民主政治では、原発だけでなくほとんどの社会問題で、どっちつかずの平凡な政策が採用されるのです。

もっともこれは、一概に否定すべきことではありません。政治も人生と同じで、極端な選択よりも中庸の方がよい結果をもたらすことが多いからです。しかしその一方で、「日本を原発立国にすべきだ」（さすがにもういないでしょう）とか、「原発即時全廃」（こちらはたくさんいます）とかの〝正論〟を信じるひとたちは、凡庸な政府に激しく反発し、社会は不安定化していきます。

原発を止めるためには、世論調査で9割を超えるような圧倒的多数が必要です。現状のような半々のままなら、「中位投票者定理」によって、原発漸減（遠い将来に原発ゼロにする）が落としどころになるでしょう。

それでは、脱原発は不可能なのでしょうか。

世論調査は日本国の原発政策を問うもので、自分の町に原発が来ることを容認するかどうか聞いているわけではありません。原発施設は老朽化していきますから、発電量を維持するには新設や増設が不可避です。しかしいままでは、福井の原発ひとつを再稼働させるために、大阪や滋賀など隣接地域の同意まで必要となりました。その混乱を目の当たりにして、近い将来、原発建設を再開できると考える政治家はいないでしょう。

世論調査の結果がどうであれ、「ポストフクシマ」の日本は脱原発の道を歩むしかありません。毎週金曜日に首相官邸を取り囲む反原発デモの市民団体ではなく、自分の近くに迷惑施設がつくられるのは絶対に嫌だという私たちのエゴが、原発を止めるのです。

後記／民主党政府は２０３０年代に原発稼働ゼロを目指す方針を決めましたが、原発の再稼働や使用済み核燃料の再処理事業の継続も明記されているため、けっきょくはここで述べたどっちつかずの中庸でしかありませんでした。

尖閣問題は未来永劫つづいていく

石原慎太郎東京都知事が尖閣諸島購入の意向を明らかにし、日本政府が国有化したことで、中国で反日デモの嵐が吹き荒れました。このやっかいな問題について目新しい提案ができるわけではありませんが、ここではなぜ領土問題の解決が困難なのかを考えてみましょう。

国家のもっとも重要な役割は、国民のために「国益」を守ることだとされています。当然だと思うでしょうが、「国益とはいったいなにか」を問われると答えに窮してしまいます。

ＴＰＰ（環太平洋戦略的経済連携協定）問題では、参加を阻止《そし》することが日本の国益だと主張するひとたちがたくさんいます。彼らの主張では、ＴＰＰはアメリカの陰謀で、日本が加盟すれば農業は壊滅し、医療保険は崩壊し、金融市場は外資に乗っ取られてしまうのです。

それに対して、TPPに参加することが日本の国益だというひとたちもいます。彼らは、市場がますますグローバル化するなかで日本だけが貿易自由化に反対していては、いずれ世界の孤児になってしまうと警告します。

原発問題でも、「国益」をめぐって議論は激しく対立しています。

原発反対派のひとたちは、原発の再稼働をひとつでも認めれば国民の生命が危険にさらされると危機感を募らせます。その一方で、電気料金の大幅値上げによって国内の製造業が壊滅し、経済の空洞化で雇用が海外に流出してしまうと考えるひともいます。

消費税問題はどうでしょう。

増税に反対するひとたちは、日銀が国債を引き受けて市場に大量のマネーを供給すれば日本経済はデフレの病を克服し、ふたたび経済成長できると主張します。消費税引き上げを支持するひとは、そんなことをすれば国家財政が破綻して、日本はギリシアのように極東の貧しい国に落ちぶれてしまうといいます。

このように、あるひとにとっての国益は、別のひとにとっては亡国の道です。両者は激しく憎み合っていて、妥協はもちろん話し合うことすらできません。

現代の政治学では、「国益」というのは国家の名を借りた「私益」のことだとされています。

ＴＰＰで安い外国産農産物が流入する農家にとっては参加阻止が国益で、外国企業と同じ条件で競争したい製造業にとっては早期の参加が国益です。増税で年金や医療などの社会保障を維持することが国益だと考えるひともいれば、徹底した歳出削減によって税金を引き下げることが国益のひとつでしょう。

しかし国益のなかに、ただひとつだけ国民の全員が同意するものがあります。それが領土です。

「北方領土は返ってこなくていい」とか、「日中友好のために尖閣諸島は中国に割譲しろ」と主張する日本人はいません。国民の利害が多様化し、政治的な対立が先鋭化するなかで、領土こそが国家をひとつにまとめるかすがいになるのです。

しかしこのことは、領土問題が原理的に解決不可能なことを教えてもくれます。ロシアや中国の国内でも私益が激しく対立して、権力の基盤を揺るがしています。だからこそ、〝唯一絶対〟の国益である領土問題ではわずかたりとも譲歩できないのです。

東京都が購入しようが、日本政府が国有化しようが、尖閣問題が解決することはありません。国家が存在するかぎり、領土をめぐる対立は未来永劫つづいていくのです。

愛国はめんどくさい

竹島と尖閣諸島の領有権問題が、2012年の暑い夏をさらに不愉快にしました。

領有権というのは、「なわばり」のことです。この問題がやっかいなのは、ヒトのOSが「なわばりを侵されたら激昂《げっこう》せよ」とあらかじめプログラミングされているからです。

なわばりによって自分と家族の生存領域を確保するのは、哺乳類だけでなく、昆虫や爬虫類、両生類、魚類、鳥類にも共通する進化の大原則です。このプログラムは生き物が子孫を残すのにものすごく有効な戦略だったので、なわばりを守れないような個体は淘汰されて進化の歴史から消えてしまったのです。

しかし、たんになわばりに閉じこもっているだけでは遺伝子は途絶えてしまいます。メスは、相手のなわばりにいるからです。こうして進化という巧緻なプログラマーは、「隙があれば相手のなわばりを侵せ」という命令を書き加えました。私たちは生まれながらにして、自分のものを守り、相手のものを奪うよう「設計」されています。

尖閣諸島に香港人の活動家らが不法上陸すると、日本人は無条件に怒りの感情が湧いてきます。同様に、都議や県議を含む日本人が上陸すると、中国の反日デモに火がつきます。これは無意識の衝動なので、歴史的経緯をどれほど説明しても双方が納得することはあり得ません。

そもそもヒトは、相手（中国人や日本人）が間違った行動をとったから怒りを感じるわけではありません。因果関係はこの逆で、まず衝動的な怒りがあり、その感情を正当化するために、「悪いのは奴《やつ》らだ」という理屈が〝理性によって〟構築されるのです。このことから、なわばり問題では対話はなんの役にも立たず、火に油を注ぐだけなのがわかります。

生物の進化とともに育ったなわばり感情はものすごく強力なので、手っ取り早く大衆の支持を獲得したいときにしばしば利用されます。韓国の李明博《イミョンバク》大統領は、次期大統領選を年末に控え、選挙参謀でもあった実兄が収賄罪で逮捕されて窮地に陥っていました。失うものがなければ、「竹島上陸」というギャンブルに打って出る決断はさして難しいものではなかったでしょう。だがこれは典型的な〝なわばりプロパガンダ〟で、一時的には支持率は上がるかもしれませんが、ひとたび一線を越えると退けなくなる強い副作用を持っています。李大統領が天皇への謝罪要求にまで〝暴走〟したのも、愛国のボルテージを上げつづけるしかなくなったからでしょう。

尖閣に上陸した香港の活動家はテレビ局のカメラマンを同行させており、宣伝と資金目当てなのは明らかです。しかしそれでも、日本の領土を侵犯する以上、逮捕・拘禁《こうきん》は覚悟していたでしょう。いっぽう、尖閣に上陸した日本の都議や県議にはなんのリスクもなく、その行動は売名以外のなにものでもありません。

国家が存在する以上、領土問題は原理的に解決不可能ですから、私たちはそれを慎重に扱わなければなりません。しかし困ったことにいずれの国でも、衝動を正義と勘違いする自称「愛国者」と、それを売名に利用しようとする政治家が溢れているのです。

アイリス・チャンが死んだ日

２００4年11月9日、アイリス・チャンは車の中で口に銃口をくわえ、引き金を引きました。といっても、ほとんどのひとは彼女のことを知らないでしょう。

中国系アメリカ人2世として生まれたアイリスは、大学でジャーナリズムを学び、いくつかの新聞社や出版社でアルバイトをした後、１９５０年代の赤狩りでアメリカを追われた中国人科学者の評伝を出版します。27歳で新進気鋭のノンフィクション作家となったアイリスの2冊目のテーマは、南京大虐殺でした。

中国での生存者へのインタビューなど、2年に及ぶ調査の後に書き上げた『ザ・レイプ・オブ・南京』は50万部を超えるベストセラーとなり、アイリスをたちまちのうちにセレブの座に押し上げます。

しかし、満を持して上梓《じょうし》した3作目の『ザ・チャイニーズ・アメリカン』は、彼女の期待に反して酷評に晒《さら》されることになりました。西部開拓時代のアメリカで鉄道敷設に従事した中国人がどれほどの迫害に耐えたのかを描いた力作ですが、アメリカの知識層は、旧日本軍が中国人をレイプする話には喝采を送っても、アメリカ人が中国移民を差別する話は好まなかったのです。

この頃から、アイリスは不眠とうつ病に悩まされるようになります。そんな彼女が4作目のテーマに選んだのはフィリピン戦線における「バターン死の行進」で、生き残ったアメリカ兵に取材して、ふたたび旧日本軍の残虐行為を暴こうとします。しかし彼女の病んだ神経はもはや困難な取材に耐えられず、夫と2歳になる子どもを残して、享年36の短い生涯を終えることになったのです。

新聞やテレビでその衝撃的な死が報じられたとき、私はたまたまニューヨークに滞在していました。なぜこんな古い話を覚えているかというと、ニューヨークタイムズやワシントンポストなどアメリカの一流紙が、「30万人以上が虐殺され、8万人以上がレイプされた〝もうひとつのホロコースト〟を発掘した」と、なんの注釈も付けずに彼女の業績を賞賛していたことに驚いたからです。

日本では南京大虐殺について詳細な検証が行なわれており、旧日本軍による蛮行を認める戦史研究家でも、陥落時の南京城内の人口が20万人程度だったことなどから、死者30万人の〝大虐殺〟を史実とはみなしません。しかしそうした研究はほとんど英語に訳されることはなく、一部の現代史の専門家を除けば欧米ではまったく知られていないのです。

南京大虐殺を歴史の捏造《ねつぞう》と主張するひとたちは、『ザ・レイプ・オブ・南京』の翻訳出版を阻止し、「死者数万人」とする国内の〝見直し派〟とはげしく論争してきました。彼らの目的は、目の前にいる日本人の論敵を打ち負かし、歴史教科書など南京大虐殺を認める日本語の文書をこの国から放逐することでした（その後、同時代社より刊行）。

しかし彼らが、日本国内の日本語によるガラパゴス化した論争に夢中になっているあいだに、英語圏において南京大虐殺は〝史実〟となっていたのです。

アイリス・チャンが死んだ日に、私ははじめてこの〝不都合な国際常識〟を知りました。そしていまだに、このことを指摘するひとはほとんどいません。

30年前は日本の「民度」もこんなもの

これは今から約30年前に、プロ野球史上、実質的にはじめての外国人監督となったドン・ブレイザーの物語です。

一流の大リーガーだったブレイザーは35歳で日本に渡り、野球選手としてのキャリアを南海ホークスで終えたあと、日本が気に入ってそのまま家族とともに神戸で暮らすようになります。選手兼監督だった野村克也の下でホークスのコーチなどをしていたブレイザーに目をつけたのが、球団史上最悪の成績で最下位になり、ファンから非難の嵐を浴びていた阪神タイガースでした。球団のオーナーは、ショック療法として外国人監督の招聘《しょうへい》を決意したのです（経営危機に陥った日産がカルロス・ゴーンを社長に迎えたのと同じです）。

１９７９年、ブレイザーの率いた新生タイガースは目覚しい復活をとげ、９月まで優勝戦線に踏みとどまり、ライバルのジャイアンツに一方的に勝ち越します。観客動員は１５０万人を超えて球団史上最高を更新し、ブレイザーに対するファンの支持は70%を超えました。

しかし翌年になると、様相は一変します。きっかけは、タイガースに鳴り物入りで入団した岡田彰布《あきのぶ》と、ヤクルトから解雇された外国人内野手を競わせたことでした。ブレイザーは岡田の天性の資質を認めながらも、いきなりプロ野球で１３０試合プレーするのはリスクが大きいと判断します。しかしタイガースファンとスポーツ新聞は、ブレイザーがポンコツの（お払い箱になった）外国人選手を優遇し、日本人の有望な若手を差別していると激怒したのです。

この対立はブレイザーが岡田の起用にあくまでも慎重だったことでさらに激化し、ある週刊誌は、「ブレイザーは外国人選手から賄賂を受け取っているから使わざるを得ないのだ」と事実無根の記事を掲載しました。さらには、後楽園球場で行なわれたジャイアンツ戦の後、暴徒と化した一部のタイガースファンが、ブレイザーと選手の家族（それも妊婦）の乗ったタクシーを取り囲み、「アメリカへ帰れ！」「ヤンキー・ゴー・ホーム！」「死んじまえ！」などと車に拳を叩《たた》きつけながら叫ぶという騒ぎになります。ブレイザーの元には毎日のように脅迫やいやがらせの手紙が送られてきて、なかには「お前もお前の家族も殺してやる」というものもありました。今ならどれも大問題になる事件ですが、当時は新聞も週刊誌も一切報道しませんでした。

追いつめられたブレイザーは、阪神のフロントと対立して辞表を出すことになります。それについてあるスポーツ新聞は「合理的精神の持ち主であるアメリカ人の監督にはやはり日本人の考え方が理解できなかった」と書き、セリーグの会長は「ガイジン監督は、やはり日本の野球には合わない」とコメントしました。またブレイザーの後任となった阪神の監督は、「結局のところ、日本人の心をわかることのできるのは、日本人しかないと思う」と記者会見で発言しました。

日本人の「民度」も、30年前はこんなものだったのです。

後年、日本での体験を聞かれてブレイザーはこう答えます。

「すべての時間が、わたしにとってかけがえのない経験だったと思う。もっと日本で、監督を続けたかったよ……」

私たちは、あの時からすこしは成長できたのでしょうか？

参考文献：ロバート・ホワイティング『和をもって日本となす』角川文庫

Part2

ECONOMY

経 済

5　グローバル市場と国民国家

決断できない世界

日本人は決断できない、とよくいわれます。米国務省の元日本部長ケビン・メア氏が書いた『決断できない日本』（文春新書）という本もよく売れたようです。

この本によれば、福島原発事故の直後、米国が無人ヘリなどの支援リストを送ったところ、日本の官僚は「放射能で汚染された場合の補償はどうなるのか」という問合せを返してきたといいます。85年の御巣鷹山《おすたかやま》への日航機墜落事故でも、米軍は即座に、夜間行動可能なヘリの出動を申し出ましたが、日本政府はこれを断わりました。翌日、奇跡的に救出された少女は、「暗くなる前にはたくさんのひとの声を聞いた」と証言しています。

全員の合意がなければなにも決められない日本人の特徴は、世界でもひろく知られています。これはもちろん事実ですが、しかしだからといって日本人が特殊だということにはなりません。そもそも決断というのは、原理的に不可能なものかもしれないのです。決断というのは、利害が対立する局面において、一方の主張を強制的に排除することです。当然、否定された側は恨みを抱きはげしく反撃しますから、決断した人間はそれに耐えなくてはなりません。これが、「決断には責任がともなう」ということです。

ここで、典型的な農耕社会を考えてみましょう。私の土地の隣にはあなたの土地があり、この物理的な位置関係は（戦争や内乱がないかぎり）未来永劫変わりません。あなたは生まれたときから私の隣人で、二人が死んだ後も、私の子孫とあなたの子孫は隣人同士です。

農村では、灌漑《かんがい》や稲刈り、祭りなど、村人が共同で行なうことがたくさんあります。そんなとき、一部のひとだけが損失を被るような「決断」をすると、それ以降、彼らはいっさいの協力を拒むでしょう。これでは、村が壊れてしまいます。

このことから、土地にしばりつけられた社会では、「全員一致」以外の意思決定は不可能だということがわかります。もちろんときには、誰かに泣いてもらわなければならないこともあるでしょうが、そんなときは、村長（長老）が、この借りは必ず返すと約束することで納得させたのです。

近代以前は、ユーラシア大陸（旧世界）のほとんどが農耕社会でした。中世のヨーロッパにおいても、ものごとは全員一致で決められ、それが無理な場合は、多数決ではなく戦争で決着させたのです。

それでは、多数決による決断はどのようなときに可能になるのでしょうか。

もっとも重要なのは、意に沿わない決定を下された少数派が自由に退出できることです。農耕（ムラ）社会では土地を失えば死ぬしかありませんから、そもそもこの選択肢が存在しません。

古代ギリシアは、地中海沿岸の地形が複雑で、共同体（ポリス）は山や海で分断され、ひとびとは交易で暮らしを立てていました。ポリスを移動することも比較的自由で、文化や習慣、言語が異なるひとたちとの交流も当たり前でした。弁論によって相手を説得し、最後は多数決で決断するきわめて特殊な文化は、このような環境から生まれたのです。

これがけっして普遍的なものでないことは、現代のギリシア人がデモに明け暮れ、政府がなにひとつ決断できないことを見ても明らかでしょう。ユーロ危機のＥＵ（欧州連合）も、加盟国すべての合意がなければなにも決められません。

日本だけでなく、「決断できない世界」がさらに大きな問題となっているのです。

国家はもはや市場を制御することができない

2011年11月、ギリシアのパパンドレウ首相がEUによる支援策受け入れの是非について国民投票を行なうと発表（その後撤回して退陣。パパデモスによる新政権樹立）したことで、ヨーロッパは大きく揺れました。

すでにいい尽くされたことですが、この混乱は、政府（財政政策）をばらばらにしたままユーロという通貨だけを共通にしたという〝設計不良〟によるものですから、対症療法では解決できません。この欠陥は1999年のユーロ発足のときから指摘されていましたが、ヨーロッパの傲岸な政治家は耳を貸そうとはしませんでした。その構造的な歪みが、世界金融危機によって現実のものとなったのです。

もちろんギリシアの経済は、日本でいえば神奈川県ほどの規模しかありませんから、たとえばドイツがお金を出してギリシアの財政赤字を清算すれば〝危機〟はたちまち消えてしまいます。これは経済的にはもっとも被害の少ない合理的な解決法でしょうが、ドイツの有権者を納得させることができないので、政治的には実現不可能です。

そこでEUは、大岡越前の「三方一両損」のような合意を目指すしかなくなりました。すなわち、ユーロ圏の納税者と、ギリシア国債を保有する民間銀行と、ギリシア国民がみんなで損を分け合おう、というわけです。

前頁で、「退出という選択肢のないムラ社会では、原理的に、政治的な決定は全員一致しかない」という話をしましたが、ヨーロッパのリーダーたちが江戸時代の奉行と同じことをするのは、国を物理的に動かせない以上当たり前です。

これまで私たちは、欧米と比べて、「決断できない」日本の政治をずっと批判してきました。しかしいったん〝ムラ社会状況〟にはまってしまうと、〝デモクラシーの祖国〟であるヨーロッパでもやはり「決断」などできないのです。

ところで、この「三方一両損」がギリシアで大規模なデモを引き起こしたのは、EUからの援助があっても、自分たちの〝損〟があまりにも大きいと感じられたからです。「ギリシア人はもっと働け」というのは正論ですが、批判されればされるほど反発するというのもひとの性《さが》です。そのうえ、公務員が大量に解雇されたり、年金の額が大幅に引き下げられたりしたら生きていけませんから、既得権を奪われるひとたちの死に物狂いの抵抗は止められません。

このようにしてギリシアの政治は機能不全に陥り、国民投票か内閣総辞職でしか事態を打開できなくなってしまいました。ギリシア国内では、「ドラクマ（以前のギリシア通貨）に戻せば為替相場が大幅に下落して、観光収入や輸出の増加で経済は回復する」という意見もあるようですが、制度上、EUから脱退しなければユーロから抜けられない、という問題があり、事態はさらに混迷の度を深めそうです。

ところで、この「ユーロ危機」の本質はどこにあるのでしょうか。

それは、「国家はもはや市場を制御することができない」ということです。

世界金融危機以降、世の識者たちは「国家が市場を規制せよ」と大合唱してきました。

しかし現実には、市場（資本主義）に合わせて国家を再設計しないかぎり、問題は解決できません。

なぜなら、「問題」は国家そのものが起こしているからです。

国民が国家を搾取している

欧州共通通貨ユーロが崩壊の危機にあります。EUの混乱から、私たちはどのような教訓を学ぶべきなのでしょうか。

これまで多くの論者が、「〝市場原理主義〟が共同体を壊すのだから、国家は市場の暴走を止めるべきだ」と主張してきました。しかしユーロ危機では、明らかに「国家が市場を壊した」のであり、財政を統合しないまま通貨だけを共通にする制度設計の失敗をなんとかしなければ危機は解決しません。

問題は市場ではなく、国家にあるのです。

もうひとつは、国家と国民（市民）の関係です。

私たちは、国家権力が市民を抑圧し、自由や平等を求めてひとびとが立ち上がるという物語をずっと聞かされつづけてきました。「アラブの春」はこの典型で、独裁政権を終わらせるためにひとびとは投獄覚悟でデモを行ない、あるいは武器をとって政府軍とたたかいました。

ユーロ危機の渦中にあるギリシアでも、大規模なデモやストライキがつづいています。しかしその光景は、私たちがよく知る自由やデモクラシーのための抗議行動とはずいぶんちがいます。

ギリシアを取材した毎日新聞記者の藤原章生《あきお》氏は、労働省のエリート幹部から次のような話を聞きました。

ギリシアでは新しい政権ができると、官僚の顧問や局長職が総入れ替えになって、閣僚や政治家たちが身内や友人、支援者などを好きなように新しいポストにつけます。彼らは「臨時雇用」としてやってきますが、いつのまにか「正規雇用」になって、政権が交代しても解雇されることがありません。

それでは、前から同じポストにいたひとはどうなるのでしょう？　ここで労働省幹部は、驚くべき秘密を打ち明けます。

「(彼らは) 別のポストに行くか、ひどい場合、同じ局長のポストに二人がいるなんてこともある。当然二人分の仕事はないから、前の人たちは職場に来なくなり、給与だけもらい続ける幽霊公務員となる。私たち労働省の中でも全体の職員が何人いるのか、どういう構成なのかよくわかっていない」

こうして選挙のたびに公務員が増えていき、その結果、ギリシアの公務員数は巷間《こうかん》いわれている110万人(労働者の4人に1人)よりもはるかに多いのではないかと藤原氏は推計します。この国では一種のベーシックインカムが実現していて、家族の誰かが公務員(もしくは幽霊公務員)として国からいくばくかの給与をもらい、生活費をまかなっているのです。——そう考えれば、緊縮財政が国民的な規模のデモやストライキを引き起こした理由もよくわかるでしょう。

欧米や日本のような民主政国家では、もはや国家は国民を弾圧したりしません。成功するかどうかは別にして、国家は国民を「幸福」にするために存在するのです。

こうして、国家が国民を犠牲にするのではなく、国民が国家を搾取するようになりました。しかしこれは、けっして他人事ではありません。

ギリシアは福祉国家のカリカチュアで、私たちは鏡に映った自分の姿を見ているのかもしれないのです。

参考文献：藤原章生『ギリシャ危機の真実―ルポ「破綻」国家を行く』毎日新聞社

グローバリズムによって人類は幸福になり、ウォール街は占拠された

２０１１年9月、「ウォール街を占拠せよ」という若者たちの運動がアメリカの政治を揺るがしました。Facebook や Twitter などのSNSを通じてまたたくまに広がり、ニューヨークのブルックリン橋を占拠し、７００人が逮捕・拘束される騒ぎにまでなったのです。

アメリカやヨーロッパでデモや暴動が頻発するのは、グローバリズムによって人類が幸福になったからです。もちろんこれではなんのことかわからないので、順を追って説明してみましょう。

冷戦がつづいた80年代までは、一部のゆたかな国と、それ以外の貧しい国の経済格差が大きな問題となっていました。一人あたりの名目ＧＤＰで比較すると、１９９０年の中国人の所得は、日本人の約70分の１しかなかったのです。

グローバルな市場経済というのは、かんたんにいうと、同じトヨタの車をつくるのな

ら、日本のサラリーマンも中国の工員も最終的には同じ賃金になる、という世界です。アジアだけでなく、アメリカと中南米や、西ヨーロッパと東ヨーロッパの間でも同様の関係が成立しています。

グローバリズムが利益を生むのは、北（先進国）と南（発展途上国）の経済格差があまりにも大きかったからです。そのため、安い人件費で商品をつくるだけで、企業家は法外な利益を手にすることができました。

経済のグローバル化によって、貧しい国のひとたちの所得は大きく増えました。たとえば中国では、一人あたりGDPはこの20年間で約15倍になり、日本との差も9分の1にまで縮まっています。それに対して先進国はどこも低成長にあえいでおり、所得も頭打ちです。

ところで、先進国のひとたちの所得が1割減るかわりに、中国（13億人）やインド（12億人）のひとたちの所得が倍になれば、人類全体としての幸福の総量は明らかに増えています。これが、「グローバリズムによって人類は幸福になった」という理由です。

しかしこれは、バラ色の未来というわけではありません。市場の富はみんなに平等に分配されるわけではなく、北と南の（マクロの）経済格差が解消する一方で、先進国でも発展途上国でも、国民のあいだの（ミクロの）経済格差が拡大してきたのです。

その結果アメリカでは、一部の富裕層に富が集中し、世界一ゆたかだった中流層が没落しはじめました。こうして、さまざまな政治的軋轢《あつれき》が生じるようになったのです。

ティーパーティーと呼ばれる保守的な白人中流層は、移民を制限すると同時に、貧しいひとたちへの所得の再分配を拒否します。彼らが「小さな政府」を求めるのは、自分たちがゆたかさから脱落しつつあることに怯《おび》えているからです。

一方、「ウォール街を占拠せよ」の若者たちは、金融機関の救済を批判し、富裕層への増税によって社会保障を充実させる「大きな政府」を求めています。アメリカの若者（20〜24歳）の失業率は15％を上回り、7人に1人が無職のままで、彼らは将来の貧困に怯えています。

このように、ティーパーティーとウォール街を占拠する若者たちは、グローバル化のなかでの「中流の没落」という同じコインの裏表です。問題は両者の主張に妥協の余地がないことで、だとすればアメリカの分裂は歴史の必然だったのです。

〝富〟は不正がなくても集中する

「ウォール街を占拠せよ」の運動では、「私たちは99％」のスローガンが掲げられました。貧富の差が拡大したことによって、米国社会は1％の富裕層とそれ以外の貧困層に二極化してしまったというのです。

ところで、富はなぜ少数の人間に集中してしまうのでしょうか。ほとんどのひとは、ここにはなにかの不正がはたらいているにちがいない、と信じています。しかしいまでは、市場が公正で効率的であるならば、みんなが真っ当に商売したとしても、富の一極集中と経済格差の拡大はごく自然に発生すると考えられています。それは、市場が複雑系のスモールワールド（小さな世界）だからです。

スモールワールドでは、それぞれの要素がお互いにフィードバックしあうことで、わずかな初期値のちがいから大きな差が生まれます。

といっても、これはぜんぜん難しい話ではありません。私たちにとってもっとも身近なスモールワールドは人間関係で、友だち同士がお互いにフィードバックしあうことで、ちょっとしたひと言が思わぬ波紋を呼んだりします。

スモールワールドのもうひとつの特徴は、ときどきとんでもないことが起きることです。プレート同士が衝突する地球内部は活断層が複雑につながりあったスモールワールドで、そこでは微小な地震が日常的に起きていますが、私たちはそのほとんどを体感できません。そしてある日突然、プレートの歪みが臨界点に達して巨大地震が襲ってくるのです。

これは、スモールワールドにはとんでもない場所がある、ということでもあります。

インターネットはホームページ同士がリンクしあう典型的なスモールワールドですが、そこではヤフーのような、膨大なリンクを持つ特権的なサイトが存在します。インターネットユーザーは、こうしたハブ（中継点）を上手に利用して興味のある情報を探していきます。逆にいえば、ひとびとのこうした（無意識の）行動によって、ネットの世界にハブが自然に生まれるのです。

私たちの社会はスモールワールドですから、人気（評判）は特定の人物に一極集中していきます。アマチュアリーグの野球選手とイチローを比較すると、実力差は10倍（あるいは１００倍）くらいかもしれませんが、評判の差は無限大です。このように、能力（野球のうまさ）によって富（評判）が均等に分配されるわけではないことも、スモールワールドの特徴です。

市場も、ひととひととがお金をやりとりするスモールワールドです。そうであれば、市場のハブとなる特定の企業や人物に富が集中するのは当たり前です。このことに最初に気づいたのは数学者のベノワ・マンデルブロで、税制や規制、利権や陰謀などに関係なく、市場が拡大すれば（全体のパイが大きくなれば）必然的に富の一極集中は進むと考えました。

私たちは、評判市場において歌手やスポーツ選手が人気を独占することを不公平とは感じませんが、貨幣市場において超富裕層に富が集中することを不正義と考えます。しかしこれは、いずれもスモールワールドから生まれる同じ現象なのです――だからといって、それが正しいというわけではありませんが。

参考文献：ベノワ・マンデルブロ『禁断の市場―フラクタルでみるリスクとリターン』東洋経済新報社

6　日本経済の「不都合な真実」

ハルマゲドンがやってきたら

ユーロ危機をきっかけに、「日本もいずれギリシアのようになる」と騒がれるようになりました。

〝日本国破産〟論は、バブル崩壊で地価と株価が暴落し、不良債権問題の深刻さが暴かれはじめた1992年頃から断続的につづいていたもので、大手金融機関がつぎつぎと破綻した97年の金融危機をきっかけに、2003年国家破産説、2010年中流崩壊説など、さまざまな〝警告〟本が出版されました。

この問題の難しいところは、過去の予言が外れたからといって、将来も起こらないとはいいきれないことです。いまや誰もが気づいているように、執拗に国家破産が語られるのは、日本国の財政に構造的な欠陥があるからです。

国と地方を合わせた日本国の累積債務は、2000年には500兆円あまりでしたが、それが2011年には1000兆円を超えようとしていました。これは冷静に考えても背筋が凍るような状況で、国家が無限に借金できないことは明らかですから、このまま債務が膨らんでいけばいつか必ず破綻します。

1999年のユーロ誕生のときから、通貨だけを共通にして、各国が自由に国債を発行する仕組みはいずれ行き詰まると、経済学者は指摘していました。ヨーロッパ市場が拡大し、「ユーロはドルに代わる基軸通貨になる」といわれた頃は、誰もこの警告を気にしませんでしたが、わずか10年あまりで「予告された危機」はやってきました。構造的な問題は、現実化するのです。

日本国の財政が破綻したらどうなるかについてのシミュレーションはすでにいくつもありますが、いずれにせよ大きな経済的混乱が起こることは避けられません。しかしこれは、戦争や内乱のようにすべての国民の運命を翻弄するわけではなく、世代によってその影響にはかなりの差があります。

もっとも甚大な被害を受けるのは年金生活の高齢者です。70歳を過ぎれば働いてお金を稼ぐことはほぼ不可能ですから、年金制度が破綻して受給額が大幅に減額されたら生きていけません。家賃が払えなくなったり、老人福祉施設に入るお金がなければ、あとは路上生活が待っているだけです。

これはとてつもない恐怖ですから、高齢者はなんとしても、自分が生きているあいだは現在の制度を維持するよう求めます。負担が将来世代に先送りされたとしても、彼らにとってはどうでもいいことです。

それに対して若い世代は、仮に職を失ったとしてもいくらでもやり直しがききますから、どうせならいますぐ破綻してほしいと考えるでしょう。年金にせよ医療保険にせよ、納めた保険料はとうてい取り戻せないのですから、もっとも経済合理的なのは、一刻も早く制度そのものをリセットさせることです。

このように財政破綻において、若者と高齢者の利害は真っ向から対立します。高齢者と若者がどちらも経済合理的に行動したとしても、高齢者の政治力が圧倒的に強い以上、結果は明らかです。しかし皮肉なことに、それによって国家の借金は膨らみつづけ、来るべき〝ハルマゲドン〟の規模はより大きくなってしまうのです。

〝劣等人種〟と〝劣等産業〟

ＴＰＰ（環太平洋戦略的経済連携協定）についての論争が相変わらずつづいていますが、協定の内容や各分野での利害得失などを脇に置いておけば、あらゆる国がすべての関税を一斉に撤廃するのがもっとも理想的であることは明らかです。

なぜ「明らか」なのかは、アダム・スミス以来の近代経済学が200年余の歳月をかけて築いた膨大な知の遺産が証明しているわけですが、ここではもっと簡単に説明してみましょう。

関税をかけることが常に有利であれば、（たとえば）静岡県は、県内のみかん業者を保護するために和歌山県産のみかんに高率の関税を課すべきです。でも真剣にこんな主張をするひとがいたとしたら、あなたはきっと、いちど病院で診てもらったほうがいいと思うでしょう。

日本でも江戸時代までは関所で商品の流通を管理していましたが、いまでは県境での〝関税〟を撤廃して国内市場を完全自由化しています。それなのになぜ、国境では自由貿易を制限するべきなのでしょうか。国内ではみんなを幸福にする「自由貿易」が、世界規模に拡張されると一転してみんなを不幸にする、などということがあり得るのでしょうか。

〝反自由貿易主義者〟は、このシンプルな問いに答えることができません（もしそれができたなら、経済学の根底を全否定する世紀の大発見になるでしょう）。

理屈で勝てないときは、ひとは感情に訴えます。〝鎖国〟派も、人間のもっとも原初的な感情を利用しようとします。それが、「なわばり」です。

ヒトは（というよりも、ほとんどの生き物は）「なわばりを死守する」というプログラムを遺伝子に組み込まれています。この感情はあまりにも強力なので、「〝奴ら〟が〝俺たち〟のなわばりを荒らしている」というプロパガンダは、常に素晴らしい効果を発揮します。これは理屈ではないので、国際経済学の比較優位の理論などを持ち出してもなんの意味もありません。

さらに困ったことに、人間の脳には、自分が感情的に魅かれるものを「正しい」と合理化する機能が備わっています。残念なことに、どれほど理をつくしても、理解したくないひとは説得できないのです（そうでなければ、ソクラテスが毒杯を仰ぐことはなかったでしょう）。

〝鎖国〟か〝開国〟かは、日本においては幕末の頃からずっと争われてきました。明治時代の論争では、愛国的な〝鎖国〟派の主張は、「日本人は劣等人種なのだから、安易に開国すれば欧米人の奴隷になるだけだ」というものでした。現代の〝鎖国〟派は、「日本の農業は〝劣等産業〟なのだから、TPPに参加すれば農業は壊滅する」と力説しています（「競争力がない」というのは、「劣等産業」を〝政治的に正しく〟言い換えたものです）。

ヒトの遺伝子は、1000年や2000年では変わりません。だから私たちは、いまでも150年前の明治維新の頃と同じことをしているし、これからもずっと同じ論争をやりつづけるのでしょう。

そもそも、ひとは「進歩」しないのです。

参考文献：小熊英二『単一民族神話の起源―〈日本人〉の自画像の系譜』新曜社

コンプガチャが許されるのは国家だけ

2012年5月、ソーシャルゲームのコンプリートガチャ（コンプガチャ）が消費者庁から景品表示法違反に該当すると指摘され、ゲーム会社は大きな打撃を受けました。

〝ガチャ〟は一種の宝くじで、ゲーム内のアイテムを確率的にしか入手できない仕組みです。〝コンプ〟というのは、稀少《きしょう》なアイテムを含むすべてを揃《そろ》えるとさらに価値が上がることをいいます。「誰も持っていない宝物を手に入れたい」「なにからなにまで全部集めたい」というのはヒトの根源的な欲望ですから、"ガチャ"と"コンプ"の組み合わせはものすごく強力です。それを子ども相手の商売に使うことには、やはり一定のルールが必要でしょう。

コンプガチャで問題になったのは射幸心です。請求額が100万円を超えるケースがあったように、ギャンブル中毒は依存症の一種で、いったんはまると自らの意思で抑制するのは不可能なのです（製紙会社の御曹司の例で明らかでしょう）。

ところで、コンプガチャが社会問題化しはじめた同年3月、国会で宝くじ法が改正され、これまで宝くじ額面の最大100万倍だった最高賞金の上限が250万倍に引き上げられました。300円の宝くじなら、これまでの1等賞金3億円が、これからは7億5000万円になるのです。

日本の宝くじは経費率が5割超ときわめて高く、売上げの半分が胴元の儲けになります。宝くじ法が改正されたのは、この売上げが2005年をピークに減少しはじめたからでした。自分たちの取り分が少なくなることを怖れた関係者が政治家を動かし、射幸心を煽《あお》ることで挽回しようと考えたのです。

宝くじ発行側は、今回の法改正で「前年比12％増の売上げが見込める」と皮算用しています。売上げ増が1200億円とすると、そこから670億円が自分たちの懐に転がり込んできます。宝くじは巨大ビジネスなのです。

ところが宝くじの売上げが伸びると、toto（サッカーくじ）の収益が影響を受けてしまいます。宝くじ市場は全体のパイがほぼ決まっていて、今後、大きく伸びるとは考えられません。そこで「スポーツ振興」を目指す議員たちは、totoの最高賞金を現在の6億円から引き上げる法改正を目指しています。宝くじが「1等賞金7億5000万円」

を宣伝するなら、自分たちは「10億円」を目指そうというわけです。

当然のことながら、賞金の最高額を増やせば買う人も多くなり、当せん確率は下がりますから、ほぼすべての参加者は生涯宝くじを買いつづけても大損するだけです。しかし人生において数億円ものお金を手に入れる機会は（ふつうは）ありませんから、それだけでも賭けに参加する魅力があるとひとは考えます。この「錯覚」が射幸心で、最高額を大きくすればするほど冷静な判断ができなくなってしまいます。

もちろん自由な社会では、どんなことにお金を使おうとそのひとの勝手です。しかしこれは、「公正な競争」が前提となります。

宝くじやtotoは、国家が独占的に行なう〝ガチャ〟です。ゲーム会社はこれをより洗練された〝コンプガチャ〟として消費者に提供したことで処罰されることになりました。

日本においては、射幸心を煽ってボロ儲けを許されるのは国家だけなのです。

世の中を幸福にする「不都合な真実」

世の中には、「不都合な真実」がたくさんあります。「専門家のあいだではほぼ合意が成立しているものの、公にするのがはばかられる主張」のことです。

たとえばBSE（牛海綿状脳症）感染牛の全頭検査は、疫学的にはなんの意味もなく欧米諸国では行なわれていませんが、日本の政府・自治体は「食の絶対安全」を守るとして、10年以上にわたり200億円以上の税金を投入して実施しつづけていました。ほぼすべての専門家が「やってもムダ」と指摘している検査をやめられないのは、「いのちを軽視するのか」という感情的な反発を恐れているためです。

経済問題における不都合な真実としては、「解雇を容易にすれば失業率が下がる」が挙げられます。

不況で失業者が増えると、「労働者の生活を守るために社員を解雇できないようにすべきだ」と叫ぶひとが出てきます。しかしこれは、逆に失業を増やし、不況を悪化させ、ひとびとを苦しめている可能性が高いのです。

日本では労働法はひとつしかありませんが、アメリカでは州ごとに解雇規制が異なります。そこでアメリカ各州の解雇規制を比較することで、それが労働市場にどのような影響を与えているのかを調べることができます。

この巧まざる社会実験は、「正社員を解雇できないと派遣労働者が増える」ことを示しています。雇用が手厚く保護されている州の経営者は、業績が悪化したときに解雇しやすい非正規社員しか雇わなくなり、そのため経済格差が拡大するのです。

欧米主要国の労働市場を比較しても、解雇が容易なアメリカやイギリスは雇用率が高く、解雇規制の強いドイツやフランスの雇用率が低くなっていることがわかります。失業問題を改善するには、社員をもっとかんたんにクビにできるようにすべきなのです

——テレビや新聞では誰もこんなことはいいませんが。

7　愚者の楽園

年金消滅は「素人社会」の宿命

２０１２年１月、企業年金運用会社のＡＩＪ投資顧問が１９８４億円もの預かり資産の大半を消失させていたことが明らかになりました。なかには資金の過半を投資していた年金基金もあり、このままでは老後の年金がなくなってしまいそうです。

その後の調査によれば、ＡＩＪ投資顧問が販売したヘッジファンドは運用開始直後から損失を出しはじめ、それにもかかわらず運用成績を偽装して20％の成功報酬を徴収していたといいます。お金を預けた年金基金からすれば、大損したうえに総額で数百億円もの報酬まで払わされたのですから、泣《な》きっ面《つら》に蜂《はち》とはこのことです。

今回の事件では、年金基金は被害者でもあり、加害者でもあるという微妙な立場に立たされています。彼らはＡＩＪの嘘《うそ》にだまされて大金を失ったわけですが、そのお金は他人（年金加入者）から預かったものだったからです。

金融の世界では、年金基金は「機関投資家」という金融の〝プロ〟であるとされています。彼らは運用の専門家として、年金加入者が毎月こつこつと積み立てた保険料を誠実に運用する義務を負っています。高い職業倫理に加え、プロフェッショナルとしての知識や経験があるからこそ、個人投資家への勧誘が許されないハイリスクのヘッジファンドにも自己責任で投資することが認められているのです。

プロであれば、外部監査も受けておらず、運用の実態もわからないファンドに大切な資金を投じることはありません。ＡＩＪの黒い噂は関係者ならみんな知っていた、というのですから、その責任は重大です。

もちろん中小の年金基金にも、同情すべき事情はあります。多くの年金基金は積み立て不足に喘《あえ》いでいて、運用の利益で赤字を穴埋めしなければ、いずれ基金か母体企業が破綻してしまいます。そもそも、国債さえ買っておけばよかった時代の厚生年金の仕組みが現在までつづいていることが問題なのです。

しかしそれでも、彼らがまんまとだまされたのは、しょせんはひとごとだったからでしょう。被害にあった年金基金は、厚労省や社会保険庁から多数の天下りを受け入れていたといいますから、なにをかいわんやです。

ある基金の担当者は取材に対し、「（ＡＩＪの社長と飲みにいったら）きさくで話題は豊富だったので、信頼した……」と説明しています。厚労省の調査によると、総合型の厚生年金基金の約8割に資産運用の経験のある専門家がいません。しかしこれは、おかしな話ではないでしょうか。

企業年金に加入するサラリーマンは、年金基金が「資産運用のプロ」だからこそ、生命の次に大切な老後の原資を預けています。それがふたを開ければ、天下りばかりで専門家が一人もいないのでは、AIJではなくこちらのほうが詐欺同然です。

でもこんな話をしても、たぶん誰も驚いたりはしないでしょう。私たち日本人は、福島第一原発事故で、「専門家がじつは素人だった」という光景をいやというほど見せつけられたからです。

AIJ事件でいちばん怖いのは、ひとびとがこの「素人社会」を当たり前のこととして受け入れていることなのかもしれません。

「生活保護」をめぐるやっかいな問題

2012年5月、高収入を得ているお笑い芸人の母親が生活保護を受給していたことが大きな関心を呼びました。本人だけでなく、事件を実名で取り上げた国会議員も批判を浴びています。

生活保護は貧しいひとをみんなで支える制度ですが、不正受給が常に問題になります。生活保護費の原資は税金ですが、多くの納税者はけっして楽な生活を送っているわけではありません。病気や障害で収入を得る方途がないなら別ですが、働きたくないひとを税金で食べさせるのに同意するひとはいないでしょう。生活保護の不正受給は深刻なモラルハザードで、放置しておくと制度そのものへの信頼が失われてしまいます。

その一方で、生活保護には別の問題もあります。

2007年7月、北九州市の住宅街で52歳の男性の死体が発見されました。男性はタクシー会社を病気で辞めた後、生活保護を3カ月半ほどで打ち切られ、餓死したと見られています。日記に「おにぎりが食べたい」と書かれていたことから、生活保護のあり方をめぐって大きな議論を巻き起こしました。

当時、北九州市は生活保護費の膨張に頭を悩ませており、受給者への就労指導を強化していました。この「水際作戦」が孤独死の悲劇を招いたのだと、マスコミは批判しました。

生活保護が必要なひとに届かないことを、「漏給《ろうきゅう》」といいます。生活保護制度には、「不正受給」と「漏給」のふたつの欠陥があるのです。

生活保護の受給者を指導するのは、福祉事務所のケースワーカーです。彼らは一人あたり平均して80世帯を担当しており、申請者の資産調査や受給者の就労支援を行なっています。厚労相は扶養義務の厳格化を指示しましたが、生活保護の受給者は200万人を超え、親族の資産調査などとても手が回らないのが実情だといいます。

誰もが「不正受給は許されない」というでしょうが、次のようなケースはどう考えればいいのでしょう。

幼い子どもを抱えた母親が、毎日パチンコで遊んでいます（よくある話です）。不正受給の疑いが濃厚ですが、保護を打ち切ると子どもが生きていけなくなってしまいます。ケースワーカーは、こうしたグレイゾーンでの判断を日々迫られているのです。

「なにかを手に入れようと思えば、なにかを手放さなければならない」ことをトレードオフといいます。「ケーキはおいしいけれど、ダイエットに失敗してしまう」という関係です。

世の中にはたくさんのトレードオフがありますが、生活保護の漏給と不正受給もそのひとつです。税金を食い物にする不届き者を水際で防ごうとすると、漏給による餓死者が出てしまいます。かといって申請をすべて認めたら、不正受給で保護費は莫大な金額になってしまうでしょう。

漏給と不正受給がトレードオフなら、政治の役割は、漏給を減らすのにどの程度の不正受給を覚悟するかを決めることです。しかしほとんどのひとはこうした不愉快な議論を嫌い、快適な「正義」を求めて、不正受給をバッシングし、漏給をきびしく批判します。

こうして、不毛な議論がいつまでもつづくことになるのです。

「生活保護で貧困はなくならない」と賢者はいった

生活保護の受給者が200万人を超えて、戦後の混乱期（1950年）に制度が創設されて以来の最多水準に達しています。生活保護にかかる経費は3兆4000億円を超え、自治体の負担も大きく、このままでは制度自体が崩壊してしまいます。「自力では生きていけない貧しいひとたち」をいかに救済するかは、どこの国でも議論を呼ぶ問題ですが、ここではノーベル平和賞を受賞したムハマド・ユヌスの意見を紹介しましょう。

バングラデシュの経済学者ユヌスは、〝貧者の銀行〟と呼ばれるグラミン銀行を創設し、貧困の改善に大きな功績を残しました。バングラデシュは世界でもっとも貧しい国のひとつで、旱魃《かんばつ》や洪水などの自然災害が起きると何十万人ものひとが餓死してしまいます。国民の半分は読み書きができず、一人あたりGDPは約700ドルで、日本の65

分の1程度しかありません。

ユヌスはこの絶望的な貧困とたたかうために、マイクロクレジットという独創的な融資制度を考案しました。そのポイントは以下のふたつです。

① 事業資金を与えるのではなく、利息（年利10～20％）を取って貸し付ける。

② 借り手を五人ひと組にして、連帯責任で返済させる。

驚くことに、従来の援助の常識に反するこの仕組みは、98％の返済率でビジネスとして成立しただけでなく、融資を受けて自営業を始めた借り手たちの生活を大きく改善していったのです。

マイクロクレジットが成功した理由を、ユヌスは明快に説明します。

グラミン銀行の主な顧客は、男尊女卑の伝統的な文化のなかで人間性を奪われていた農村の女性たちです。その境遇がかわいそうだからといって施しを与えても、相手の尊厳を踏みにじるだけで、収入を得ようとする意欲は湧きません。グラミンの顧客たちは、「働いて稼いだお金から返済する」ことで、生まれてはじめて自尊心を得るのです。

そんな彼女たちにとっていちばんの悩みは、夫がお金を取り上げてしまうことです。バングラデシュの文化では、妻のお金は夫のものとされ、家族のなかに誰ひとり味方はいません。

しかしこれは、連帯責任を負う「五人組」にとっては大問題です。一人が返済できなくなれば残りの四人が引き受けるしかないのですから、彼女たちは夫に対して猛然と抗議するでしょう。連帯責任は相互監視だけでなく、孤立していた女性たちの助け合いをも可能にしたのです。

ユヌスは、「先進国でも途上国でも貧困は同じだ」といいます。シカゴのスラムでユヌスが見たのは、生活保護に依存して自尊心を失い、家族や友人もなく社会的に孤立した、バングラデシュとまったく同じひとたちでした。援助によって途上国の貧困が改善できなかったように、生活保護で都市の貧困がなくならないのも当然のことなのです。

こうしてユヌスは、先進国の政策担当者にマイクロクレジットを導入するよう提言します。

世界の偉人のなかで、ユヌスほど貧困について真剣に考え、実践した人物はいないでしょう。しかし不思議なことに、日本も含め、ユヌスの言葉に耳を傾ける「ゆたかな国」はどこにもないのです。

参考文献：ムハマド・ユヌス&アラン・ジョリ『ムハマド・ユヌス自伝―貧困なき世界をめざす銀行家』早川書房

消費税率30％の未来

２０１２年、野田首相は「捨て石」となる覚悟で現在５％の消費税率を10％まで上げる法案を通しましたが、日本の財政状況を考えるとじつはその程度ではぜんぜん足りません。日本国の歳出は１００兆円もあるのに、税収は40兆円しかないのですから、単純に考えると、消費税率を30％くらいまで上げなければ財政は均衡しません。

財政破綻の危機に陥ったギリシアの消費税率が23％に引き上げられたことを考えると、これは荒唐無稽な話とはいえません。実現可能性はともかくとして、このような高消費税率の未来ではどのようなことが起きるのかをここでは考えてみましょう。

消費税率30％というのは、１００円の買い物で30円の税金を納めることです。１万円なら税額３０００円、10万円で税額３万円、１００万円だと税額30万円……と考えていけば、ひとびとがどのように行動するかは容易に想像がつきます。大きな買い物になればなるほど、なんとかして消費税を逃れようと画策するようになるのです。

こうして、ギリシアやイタリア、スペインなど南欧諸国では闇経済が膨張していきました。闇経済といっても犯罪組織の暗躍ではなく、現金取引（いわゆる〝とっぱらい〟）のことです。

たとえば、事務所の内装工事に100万円かかるとしましょう。正規の業者に依頼すると、消費税込みで総支払額は130万円になります。そこへ〝とっぱらい業者〟が、「ウチなら領収書なしで110万円で請け負いますよ」とやってきます。この闇取引であなたは工事費を20万円節約し、業者は利益を10万円増やすことができます。これは双方にとってきわめてウマい話なので、みんなが経済合理的に行動すると、正規の業者は市場から駆逐されてしまいます。

2012年、ヨーロッパの若年失業率はスペインで48％、ギリシアで45％にも達しました（日本は7・8％）。若者の2人に1人に職がないというのはちょっと想像しがたい状況ですが、失業者の一部（もしかしたらかなりの部分）は闇経済からなにがしかの賃金を受け取っていたのです。

ところで、EU加盟国でもっとも消費税率が高いのはスウェーデンの25％ですが、ここでは南欧諸国のような闇経済の弊害は起きていません。それは、脱税できないような社会の仕組みがあるからです。

スウェーデンやノルウェー、フィンランドなどの北欧諸国は、国民の課税所得を納税者番号で管理するばかりか、全国民の課税所得を公開情報にしています。

スウェーデンの税務署には誰でも使える情報端末が置かれていて、名前や住所、納税者番号を入力すると他人の課税所得が自由に閲覧できます。そうやって羽振りがいいのに課税所得の少ない隣人を見つけると、国税庁に通報するのが〝市民の義務〟とされています。北欧の手厚い社会保障は、こうした相互監視によって支えられているのです。日本がもし高消費税国になったら、南欧のように闇経済がはびこるよりも、北欧のような超監視社会になる可能性のほうがはるかに高いでしょう。福祉には、相応の代償がともなうのです。

参考資料：「覚悟の社会保障」（「朝日新聞グローブ」第42号　２０１０年6月28日）

ベーシックインカムは「愚者の楽園」

橋下徹大阪市長の「維新版・船中八策」で、ベーシックインカムの導入が検討されています。ベーシックインカムは「生存権」を基本的人権として、国家が国民全員に最低限の所得を保障する制度で、これによって貧困問題は解決できると主張するひともいます。新自由主義の立場から市場の活用を掲げる維新の会がベーシックインカムを取り上げるのは、社会保障から国家の関与をなくし行政を簡素化できると考えているからでしょう。「20歳以上の国民に一律に月額7万円を支給する」なら、年金も失業保険も生活保護もすべて不要になります。

いいことだらけのようなベーシックインカムですが、現実にはこのような政策を採用している国はひとつもありません。しかし歴史をさかのぼれば、きわめてよく似た貧困救済策を実施した例が見つかります。それは、産業革命勃興期のイギリスです。

近代以前は、貧富の差は身分の差であり、農民は貧しいながらもなんとか生きていくことができました。ところが産業革命によって農村から都市に人口が流入すると各地にスラム街が生まれ、不景気になると都市で食い詰めた貧困層が農村に逆流してきます。こうして、「貧困」がはじめて社会問題になりました。

当時のイギリスでは、教会が中心となって、教区ごとに住民の生活を保障する仕組みになっていました。1795年5月6日、スピーナムランドという小さな町に集まった判事たちは、貧困問題を解決する画期的な決定を下します。彼らは、「一人ひとりの所得に関係なく最低所得が保障されるべきである」として、パンの価格に応じた賃金扶助を命じたのです。

「生存権」を大胆に認めたスピーナムランド法は、イギリス全土に急速に広まっていきますが、1834年にあえなく廃止されてしまいます。この善意にあふれたアイデアの、いったいどこが上手くいかなかったのでしょうか。

最低所得保障はまず、労働の倫理を破壊しました。懸命に努力してもさぼっても受け取る所得が同じになるのなら、雇用主のために働くのはバカバカしいだけです。こうして、ひとびとは自尊心を捨てて貧乏を好むようになりました。

するとこんどは、雇用主が払う賃金が下がってきました。労働者をただ働きさせても、差額の賃金が税金から補塡されるのですから、給料を払う理由があるはずはありません。それればかりか彼らは、貧困層に支払われる家賃扶助を目当てに、あばら家を貸し付けて儲けました。これは、昨今の「貧困ビジネス」と同じです。

スピーナムランド法の最大の被害者は、「物乞いとして生きていくのはご免だ」という自立心の強いひとたちでした。賃金が大幅に引き下げられ、彼らのほとんどが破産してしまったのです。

このようにして、「すべてのひとに最低限の生活を保障する」19世紀はじめのユートピアの実験は、ものの見事に失敗してしまいました。

同じヒトである以上、200年前のイギリス人も現代の日本人もたいして変わりません。ベーシックインカムも、きっと同じような「愚者の楽園」を生み出すことになるでしょう。

参考文献：カール・ポラニー『大転換—市場社会の形成と崩壊』東洋経済新報社

Part3
SOCIETY
社 会

8　特別な日本、普通な日本

日本の若者はほんとうにリスクをとらないのか？

日本人はリスクをとらない、といわれます。最近の若者は海外に出ようとせず、アメリカの一流大学では、留学生のほとんどは中国か韓国の学生になってしまった、との嘆きもよく聞かれます。

これが、日本の将来に対する重要な警告であることは間違いありません。しかし保守的で臆病で日本を離れたがらない若者というのは、日本人の「国民性」なのでしょうか。ひとはどんなときでも、自分の利益を最大化すべく合理的な選択をする、と考えてみましょう。すると、ちがった風景が見えてきます。

プロサッカーの世界では、たくさんの若者たちがヨーロッパに渡っています。長谷部誠や本田圭佑《けいすけ》、長友佑都《ゆうと》、香川真司といったJリーグで活躍した選手だけでなく、宮市《みやいち》亮《りょう》のように高校を卒業してすぐにヨーロッパのリーグで活躍する選手も登場しました。

なぜサッカー選手たちは、大きなリスクをとって海を渡るのか？　彼らは、特別な日本人なのでしょうか。

もちろん、そんなことはありません。しかし、ごくふつうの日本人とプロサッカー選手ではひとつ決定的なちがいがあります。中田英寿が示したように、世界最高峰のヨーロッパで成功することの利益（これは金銭だけでなく名声や評判も含まれます）はとてつもなく大きいのです。

合理的な個人は、つねにリスクとリターンを秤《はかり》にかけて最適な行動をとろうとします。じゅうぶんなリターンがなければ現状を維持し、リスクに対して期待リターンがはるかに大きいと思えばチャレンジするというのは、ごく当たり前の選択です。この原理は日本人であろうが外国人であろうが同じで、だとすると、日本人が保守的な理由は国内にとどまることのリターンが大きいからにちがいありません。

韓国の音楽マーケットの規模は日本の20分の1以下だといいます。これが、K－POPのアイドルたちが続々と日本にやってくる理由です。サッカーも同じで、Kリーグでは成功しても収入に限界があるので、選手たちはJリーグやヨーロッパのリーグを目指します。韓国人がアグレッシブなのは、彼らの能力に国内市場の規模が見合わないからです。

それに対して日本は、長い不況に苦しんでいるとはいえ、いまだにGDPで世界3位の経済大国です。ほとんどの日本人は、海外に出て大きなリスクをとるよりも、国内でそこそこの成功を目指した方がリスクに対するリターンが大きいと考えていて、合理的に行動しているだけなのです。

明治・大正や昭和初期には、多くの日本人が決死の覚悟でアメリカやブラジルに渡りました。これは日本が貧しく、農家の次男や三男は生きていく術がなかったからです。終戦後にアメリカの大学に留学する日本人が増えたのは、欧米と日本の差がまだ大きく、海外の知識を日本に持ち帰るだけで大きな利益（や名声）を手にすることができたからにちがいありません。

このことからわかるように、外的な環境が変われば日本人はふたたびリスクをとるようになるでしょう。もっともそのときは、日本国内では生きていくことができないような、そんな世界になっているかもしれませんが。

日本人はどんなふうに「特別」なのか？

日本人が「自分たちは特別だ」と思っていることはよく知られています。そしてこれは、理由のないことではありません。

なんといっても、20世紀前半までは、欧米以外で近代化に成功した国は日本しかありませんでした。これは歴史的に見てもきわめて特異な現象ですから、そこにはなにか特別な理由があるはずだ、と誰もが考えます。

福沢諭吉の「脱亜入欧」以来、「日本はアジアでは別格だ」という優越感と、「先進国では唯一の黄色人種」という劣等意識が日本人を深くとらえていました。しかし1970年代に「四匹の龍（韓国・台湾・香港・シンガポール）」の経済成長が始まり、東南アジアがそれにつづき、冷戦の終焉《しゅうえん》によって中国やインドが市場経済に舵《かじ》を切ると、アジアは急速に「近代化」していきます。いまでは、「アジアには市場経済や資本主義を受け入れる土壌がもともとあって、そのなかで日本は、地理的・歴史的な偶然からもっとも早く近代に適応できた」と考えられています。日本は、アジアの孤児ではなかったのです。

こうして、「日本人はいかに特殊なのか」という日本人論はきびしい批判にさらされるようになりました。〝日本の特殊性〟とされた「タテ社会」や「甘え」、「空気の支配」は、どんな社会にもごくふつうに見られるものだからです。

ある研究者が、日本論のエッセンスをまとめたレジュメを、国の名前を伏せてオーストラリアの学生に見せたところ、学生たちはそれをオーストラリア社会についての分析だと思いました。このエピソードは、「日本特殊論」が錯覚であることをよく表わしています。

しかしその一方で、「世界のひとはみんな同じ」というのも乱暴な議論です。ヒトはすべて同じ遺伝子（ＯＳ）を共有しているとしても、考え方や行動が文化的・社会的な影響を受けることも間違いないからです。

そこで、政治や宗教、仕事、教育、家族観などについて世界のひとたちに同じ質問をし、価値観のちがいを客観的に評価しようという試みが始まりました。この「世界価値観調査」には80カ国以上が参加していますが、そのなかで日本人が他の国々と比べて大きく異なっている項目が三つあります。

①「もし戦争が起きたら進んでわが国のために戦いますか？」という質問に、「はい」と答えたひとが世界でいちばん少ない。

②「あなたは日本人（ここにそれぞれの国名が入る）であることにどのくらい誇りを感じますか」という質問に、「非常に感じる」「かなり感じる」と答えたひとの比率が、（中国の特別行政区である）香港に次いで2番目に少ない。

③「権威や権力はより尊重されるべきですか？」という質問に対し、「尊重されるべきではない」と答えた比率が飛び抜けて多い。

「日本はムラ社会」といわれますが、世界価値観調査ではまったく目立ちません。世界には日本よりもベタなムラ社会がいくらでもあって、日本社会の開放度は南欧諸国などとともに中の上あたりに位置します。

それに対して、さまざまな国際調査で、日本人の世俗性と個人主義は際立っています。戦争になってもたたかう気がなく、国に誇りを持たず、権威や権力が大嫌いな日本人は、とても変わった国民なのです。

拙著『（日本人）かっこにっぽんじん』（幻冬舎）で、こうした日本人の〝特殊性〟について書いています。興味のある方はご一読ください。

〝無責任社会〟は無限責任から生まれた

２０１１年10月、名門企業オリンパスが20年にわたり巨額の損失を隠してきたことが発覚し、会社は存亡の危機に立たされました。事件の概要はすでに報じられているとおりですが、基本的な構図は97年に経営破綻した山一證券と同じで、財テクの失敗を隠蔽《いんぺい》するために歴代経営陣が粉飾決算を繰り返してきたというものです。

海外メディアでもこの事件は、日本企業のコーポレートガバナンス（会社統治）の問題として大きく報道されています。

ガバナンスというのは、組織内の権限と責任を明確にして、権力構造（指揮命令系統）を誰でもわかるようにすることです。軍隊では、作戦本部から末端の兵士まで命令が効率的に伝わるようにしなくては戦争に勝つことができません。ところが日本の組織では、このガバナンスがおうおうにして失われてしまいます。

もちろんどのような組織でも権力構造があることに変わりはありませんが、日本の組織はそれが水面下に隠れてしまい、外部からはどこに権力の中心があるのかわかりません。権限と責任が分離して、いつのまにか責任の所在が消えてしまうことで、誰も責任をとらない「無責任体制」が完成するのです。

ただしこれは、日本社会に特有の病理というわけではありません。「全員一致」でしかものごとを決められないムラ社会では、責任も全員に分散されますから（一億総懺《ざん》悔《げ》）、原理的に責任をとることができないのです。

ところがこのような「無責任社会」で、たまたまある特定の人物が責任を問われると、家族や関係者までもが無限責任を負わされることになります。

このことに最初に気づいたのは政治学者の丸山眞男《まさお》で、1923年に起きた皇太子（後の昭和天皇）狙撃事件後に、内閣が総辞職し、警視総監から警護にあたった末端の警官までが懲戒免官となったばかりか、狙撃犯の郷里が全村をあげて「喪」に服し、彼が卒業した小学校の校長や担任の教師が辞職した例をあげています。

権限と責任が分離すると責任の範囲があいまいになり、いったん「有罪」を宣告されると責任が無限に拡散していきます。このような社会では誰もが責任を避けるようになりますから、全員の総意によって、誰も責任をとらなくていい〝やさしい社会〟が生まれたのです。

ほとんどのひとが誤解していますが、「株主主権」というのは、会社のガバナンスを機能させるための一種のつくり話です。なぜこのような〝ウソ〟が必要になるかというと、組織における権限と責任を決めるには、「会社の所有者はそもそも誰か」という基本設計が必要だからです。コーポレートガバナンスは、「主権者」である株主を権力の中心において、会社の権力構造を明示化する仕組みなのです。

ところが日本ではこのことはほとんど理解されず、「株主資本主義」は日本的な美風に反すると批判されてきました。会社は、社員や取引先や消費者など「みんなのもの」だというのです。だとすれば、株式市場のルールを一顧だにしないオリンパスは、まさに〝日本的経営〟の理想の姿でしょう。

オリンパスにかぎらず、この〝素晴らしき日本の伝統〟が企業の価値や社員の生活を破壊していく様を、これからも私たちは目にすることになるでしょう。

参考文献：丸山眞男『日本の思想』岩波新書

東電の社員は原発事故に責任を負うべきなのか？

東京電力による家庭向け電気料金の値上げ申請が強い批判を浴びました。自らの失態で原発事故を起こし、多くのひとに迷惑をかけているにもかかわらず、利用者に負担を求めるのはけしからん、というのです。

これはたしかにもっともですが、「社員の給料を下げろ」とか、「ＯＢの年金を減らせ」というだけではたんなるバッシングになってしまいます。ほとんどの社員やＯＢは、原発事故とはまったく関係のない仕事をしている（いた）からです。

彼らに「責任を取れ」と求める根拠はどこにあるのでしょうか。

議論の前提として、東電が原発事故に対して「無限責任」を負っていることを確認しておきましょう。法律上は、「異常に巨大な天変地異」による原子力災害は事業者の責任が免責されることになっていますが、東電はこの免責を求めていないからです。

次に法人の責任ですが、これも法律に明快な規定があります。

株式会社の所有者は株主で、株主の代表が取締役会です（取締役会の代表が「代表取締役」です）。会社が第三者に経済的損害を与えた場合、その責任は所有者である株主が負うことになりますが、株主は出資金を超えて負担を求められることはありません（有限責任）。

ところで今回の原発事故のように、株主だけではとても負担できない場合はどうなるのでしょうか。こうしたケースも法律の規定は明快で、債権者が損失を被ることになります。債権者というのは、東電に融資している銀行や、東電の債券（電力債）を持っている投資家のことです。

法的には、第一に東電の株主が、次いで債権者が福島原発事故の責任を負います。その一方で、社員やOBの責任についてはなにも書かれていません。彼らは「法的な責任」を取る必要はないのです。

それでは、東電社員やOBの利益は守られるべきなのでしょうか。そんなことはありません。

取締役会は株主の代表ですから、彼らの仕事は「株主利益の最大化」です。代表取締役の義務は、リストラや不要資産の売却によって、できるかぎり株主の資産価値を守ることなのです。

損害があまりに大きすぎて株主の資産がゼロになってしまうと、会社の支配権は債権者に移ります。債権者は会社の支配者として、自分の資産（債権）を守るためにリストラや資産売却を行なうことになります。

東電が「会社」として奇妙なのは、原発事故に「無限責任」があるにもかかわらず、株主も債権者も責任を取っていないことです。彼らは東電にリストラを求める理由がなく、責任問題をあいまいにしたまま電気料金を値上げした方が好都合なのです。

ところが東電の赤字はあまりに膨大なので、けっきょく政府が過半数の株式を所有して〝国有化〟することになりました。これは、国民が東電の「所有者」になることです。

こうした紆余曲折《うよきょくせつ》を経て、ようやく原発事故の責任問題が（すこし）正常化しました。国民が株主ならば、東電に対して厳しいリストラを求めるのは当然の権利です。ただしそれは、社員やＯＢを〝道徳的に罰する〟ものであってはならないのです。

9　日本人の「混乱」

日本は大家族制に戻っていく?

経済格差が広がっている、といわれています。「一億総中流」の頃とは時代の雰囲気がずいぶん変わったのはたしかで、これは主に三つの原因で説明できます。

経済格差の最大の要因は高齢化です。

20歳の頃は誰でも貯金の額は同じようなものでしょうが、商売に成功したり失敗したり、定年まで勤め上げたり途中で退職したり、人生はさまざまですから、年をとるにしたがって経済的なゆたかさには大きな差が生まれます。社会全体の平均年齢が上がれば、それにつれて経済格差も自然と大きくなっていくのです。

ふたつめは、家族が小さくなってきたことです。

日本でもむかしは祖父母、父母、子ども夫婦、孫の4世代が同居するのがふつうで、世界の多くの国々ではいまでも大家族が一般的な居住形態です。貧しい国では家族がいちばんの安全保障で、みんなが身を寄せ合って暮らしているのです。

大家族では、一人あたりの生活コスト（住居費や食費）はきわめて安くなります。夫の給料で妻と子どもを養う核家族や、家や食事などすべての支出が個人単位の一人暮らしでは、当然、生活コストは高くなります。

ひとびとの暮らし方が核家族や一人暮らしに変わっていくにつれて、生きていくだけで精いっぱいの（家賃と食費を払ったらなにも残らない）ひとたちが増えていきます。単身世帯や母子家庭が多くなれば、経済格差も広がっていくのです。

経済格差の三つめの要因が仕事の二極化です。これが一般に「グローバリズム」と呼ばれるもので、「中国や東南アジアの労働者と同じ仕事をしているだけでは、彼らと同じ賃金しか受け取れない」という原理のことです。

先進国と新興国の労働者が同じ条件で競争する「グローバル資本主義」では、特別な仕事や専門性の高い職業（クリエイティブクラス）を目指せといわれます。ミュージシャンや映画俳優、スポーツ選手、作家・芸術家などの「特別なひとたち」のほか、医師・弁護士・会計士・ファンドマネージャーなどの「専門家」がよく例に挙げられます。

これは理屈としては正しいのでしょうが、すべてのひとがクリエイティブクラスになれるような社会が成立するはずはありません。彼らが多額の報酬を手にできるのは、稀少性（ごく少数しかいない）があるからです。誰でも弁護士になれる社会では、平均的な報酬はファストフード店の時給並みになってしまうでしょう。

経済格差の原因を3つに分類してみると、日本の未来がなんとなく見えてきます。

高齢化にともなう経済格差の拡大は一種の自然現象ですから、人為的に矯正《きょうせい》する必要はありません（無理に平等にしようとすると共産主義になってしまいます）。クリエイティブクラスと単純作業の二極化はこれからもつづくでしょうが、これは個人の問題で、誰もが経済的に成功できるユートピアはあり得ません。

それに対して、核家族化や単身化にともなう経済格差の拡大は簡単に解決できます。成人しても実家で暮らす〝パラサイト〟が話題になりましたが、これはきわめて経済合理的な選択です。国家の提供する安全保障が不安定になれば、日本はまた大家族制の社会へと戻っていくのかもしれません。

参考文献：大竹文雄『日本の不平等―格差社会の幻想と未来』日本経済新聞社

「家族の絆」を取り戻すもっとも簡単な方法

「日本では子どもが親の面倒を見るんだろ。君たちがうらやましいよ」

旅行先のモスクワで知り合った50代半ばのロシア人から、そういわれました。ロシアでは、子どもは親の世話をしないのがふつうで、高齢者も自分のちからで生きていかなくてはならないのだそうです。

「考えてもみろよ。ソ連時代は住宅も医療費もすべてタダで、老後は年金で生きていくのが当たり前だったんだ。親の面倒を国が見てくれるんなら、子どもは自分のことだけを考えればいい。だから社会体制が変わっても、この国では誰も親の世話をしないんだよ」

帝政時代のロシアは国民の大半が農奴として土地にしばりつけられていて、家族で身を寄せ合い、助け合いながら生きていくほかありませんでした。2度の革命を経てソヴィエト連邦が成立したのは1922年、共産党支配の崩壊は1991年ですから、わずか70年のあいだにロシアでは親子の関係が劇的に変わったことになります。

とはいえ彼は、子どもを恨んでいるわけではありません。それればかりか、一人息子の自慢になると話が止まりません。

彼の息子は数学の学位をとって高校の教師になったあと、大学に再入学してコンピュータの学位も取得し、いまはドイツ系企業の子会社に職を得て、夫婦共働きでモスクワ市内にアパートを買おうとしているといいます。

「収入が減るのがイヤだといって、まだ子どもを産もうとしないんだ。早く孫の顔を見たいのに」

そうぼやくところは、親馬鹿そのものです。

孔子はひとの道として、主君への忠誠などとともに親への孝行を説きました。孔子はなぜ、親が子どもを愛することの大切さを語らなかったのでしょうか。

それはおそらく、親の愛情が遺伝子のプログラム（本能）であるのに対し、親孝行が文化だからです。それは、私たちの祖先が家族を基本単位として集団生活を送るなかで、人工的につくられた価値観です。だからこそ、社会の混乱で家族がばらばらになってしまえば親孝行の美風も廃れてしまう――孔子はそれを憂えたのでしょう。

経済的な格差をなくし、障がい者や高齢者や能力の劣った者も平等に生きていける（とされた）社会主義国家は、親孝行がこわれやすい人工物であることを証明する壮大な社会実験でした。そして孔子の洞察どおり、ホモ・サピエンスの登場から50万年以上かけて育まれてきた親孝行の文化は、一瞬にして消えてしまったのです。しかしロシアの日本でも、「家族の価値が廃れた」と嘆くひとがあとを絶ちません。

経験を見るならば、家族の崩壊は福祉国家の運命だというほかはありません。年金や健康保険制度を充実させればさせるほど、子どもは重荷が軽減されたと考えて、家族の絆《きずな》は弱くなっていきます。国家が親の世話をすべて代行するならば、「親孝行は古代の奇習」ということになるでしょう。

このことから逆に、家族の絆を取り戻すきわめて効果的な方法がわかります。国民年金も国民健康保険もすべて廃止してしまえば、国民はふたたび家族という安全保障装置に頼らざるを得なくなります。もっとも、どれほど憂国の士であってもこの提案に賛成はしないでしょうが。

日本人は日本語に混乱している

Jリーグのレフェリーが、「日本語は難しい」という話をしていました。英語であれば、相手がメッシでも「ステップバック」といえばボールから離れます。しかし日本語で「下がれ」と命じればまるでケンカを売っているようですし、「下がってください」ではお願いしているみたいです。「下がりなさい」がいちばんよく使われそうですが、これでも〝上から目線〟を感じる選手はいるでしょう。

同じことは、道路工事の交通整理にも当てはまります。

アメリカでは、交通整理の係員はものすごく威張っています。億万長者のメルセデスベンツが来ても「止まれ」「行け」と命令するだけで、「サンキュー」などは絶対に口にしません。

それに対して日本の交通整理員は、傍《はた》から見ていてもかわいそうなくらいペコペコしています。運転席に駆け寄って「申し訳ありませんがしばらくお待ちください」とお願いし、車を通すときは「ありがとうございました」と最敬礼する、という感じです。

この極端なちがいは、アメリカ人ががさつで日本人が丁寧だ、という国民性だけでは説明できません。

アメリカの交通整理員が尊大なのは、〝上から目線〟でもドライバーが腹を立てないからです。日本の交通整理員がひたすら〝下から目線〟なのは、命令口調を使うと怒り出すドライバーがいるからでしょう。

これは、責任と権限についての考え方がちがうからです。

アメリカ人は、責任と権限は一対一で対応していると考えます。交通整理員は道路の安全を確保する責任を負っていて、そのことに関して大きな権限を持っています。これが、すべてのドライバーに〝上から目線〟で命令できる根拠です。

それに対して日本では責任や権限があいまいなので、ドライバーと交通整理員は〝ひと〃と〃ひと〃として対等な関係になってしまいます。「止まれ」と命じられて「なんだ、その口のききかたは」と激怒するのは、人間として貶《おとし》められたと感じるからでしょう。

しかしこれだけでは、まだ謎は残ります。サッカーの国際試合で、「ステップバック」といわれて怒り出す日本人選手はいません。アメリカでドライブしていて、交通整理員から「ストップ」といわれて不快に思うひともいないでしょう。責任と権限のルールはきわめて明瞭ですから、誰でもすぐに理解できるのです。

だとしたら〃上から目線〃を嫌うのは日本人の特徴ではなく、言葉の問題なのかもしれません。

Jリーグのレフェリングを英語にすれば、「ステップバック」に「プリーズ」はつけないでしょう。交通整理も、「ストップ」「ゴー」でみんな納得するのではないでしょうか。

日本語の複雑な尊敬語や謙譲語は、お互いの身分をつねに気にしなければならなかった時代の産物です。それが身分のちがいのない現代まで残ってしまったため、命令形は全人格を否定する〃上から目線〃になってしまいました。日本語は、フラットな人間関係に向いていないのです。

老若男女を問わず異常に丁寧な言葉づかいが氾濫《はんらん》する理由は、日本人が日本語に混乱しているからなのかもしれません。

江戸時代の暮らしが知りたければインドのスラムに行けばいい

「日本はもう経済成長しないのだから、江戸時代のような定常社会に戻ればいい」というひとがいます。市場原理主義の世の中より、近代以前の社会のほうがずっと人間らしい暮らしができるというのです。

「歴史人口学」という新しい歴史学では、宗門改帳《しゅうもんあらためちょう》などの資料を使って過去の人口動態を研究しています。ひとびとの移動や人口の増減から見ると、江戸の暮らしはいったいどのようなものだったのでしょうか。

歴史学者は、ここで奇妙な現象を発見しました。江戸時代はほとんどの地域で人口が増えているものの、なぜか関東地方と近畿地方だけ人口が減っているのです。この二地域には、江戸と京・大坂という大都市があります。なぜ地方で増えた人口が、都市で減っているのでしょうか？

それは、当時の都市の暮らしがきわめて劣悪だったからです。

農家では、干拓などによる農地の拡大がないかぎり、長男以外は出稼ぎに出されます。もっとも多かったのが奉公で、14〜15歳で家を出て、西陣の織り子になったり、商家の丁稚《でっち》になって働くのがふつうでした。

奉公人は、商家の屋根裏部屋にすし詰めにされて暮らしていました。こうした環境は感染症（伝染病）にきわめて弱く、天然痘《てんねんとう》や赤痢《せきり》がひとたび流行れば甚大な被害は避けられなかったのです。

江戸時代は乳幼児の死亡率こそ高かったものの、農村部では60代まで生きることも珍しくありませんでした。しかし江戸や京・大坂では、10代や20代の若者が栄養失調や伝染病でつぎつぎと死んでいったのです。

江戸時代が「定常社会」なのは、日本の総人口が2600万人前後のままほとんど変わらなかったからです。しかしこれは社会が安定していたためではなく、農村で増えた人口を都市が間引いていたからでした。江戸や京・大坂は、出稼ぎの若者たちを集めては死へと追いやる〝アリ地獄〟だったのです。

江戸では、地方出身の貧しいひとたちは人足（建設労働者）や物売りになったり、商家の下働きをしていました。さらに食い詰めれば、物乞いや売春でその日の糧《かて》を得るしかなくなったことでしょう。

このように考えると、彼らの生活は、インドや東南アジアの貧困層の暮らしにきわめてよく似ています。インドでは、農村で生きていけないひとたちはデリーやムンバイなどの大都市に集まり、スラムで共同生活を送ります。彼らは同郷の者同士で結束を固め、お互いに支えあいながら、必死に生き延びようとするのです。

貧しい国々では、売春が女性にとって生きていくただひとつの方途になることも珍しくありません。こうして、政府（警察）の公認する高級売春宿から非合法の街娼《がいしょう》まで巨大な売春産業が生まれますが、これは吉原を頂点とする江戸時代の売春システムと瓜《うり》二つです。

貧しい国は、どこもよく似ています。江戸時代は貧しい社会だったから、ひとびとは長屋というスラムで身を寄せ合って暮らすしかありませんでした。

江戸時代の生活を体験するのにタイムマシンはいりません。インドやタイのスラムに行けばいいのです。

参考文献：速水《はやみ》融《あきら》『歴史人口学で見た日本』文春新書

上を見れば限りはあるけれど、下を見れば切りがない

カリブ海の島ジャマイカの首都キングストンにあるトレンチタウンは、ボブ・マーリーの歌によって世界でもっとも有名なスラム街のひとつになりました。〝トレンチ〟は溝のことで、ダウンタウン周辺のどぶ川が流れる一帯に貧しいひとたちが廃材とトタンで家を建てたのがはじまりです。イギリス人の父と黒人の母親との間に生まれたボブ・マーリーは、父の死で10歳のときにトレンチタウンに移り住み、その体験をもとに『トレンチタウンロック』や『ノー・ウーマン・ノー・クライ』など数々の名曲が生まれました。

2011年末にキングストンを訪れたとき、トレンチタウンの近くを通りかかると、どの路地にも緑色かオレンジ色の小さな旗が掲げられていることに気がつきました。タクシーの運転手に訊くと、これはその地区がどの政党を支持しているのかを表わしているのだといいます。

ジャマイカは人民国家党（PNP）とジャマイカ労働党（JLP）の二大政党制で、オレンジはPNPの、緑はJLPのシンボルカラーです。1960年代から交互にジャ

マイカの政治を担ってきた両者の政治対立は、ときにヤクザの抗争のような暴力的なものになりました。

よく知られているのは1976年のボブ・マーリー狙撃事件で、これは与党だったPNP主催の音楽イベント〝スマイル・ジャマイカ〟に国民的大スターが参加するのを阻《そ》止《し》するために、対立組織がキングストンにあるボブの自宅を襲わせたとされています（銃撃により負傷したボブは2日後の音楽祭に参加し、国民の和解を訴えました）。

なぜここまで政治抗争が深刻になるかというと、スラム街を支配するギャングのボスが特定の政党と結託して利権を確保しているからです。どちらの政党が政権の座につくかは彼らにとっては死活問題で、選挙のたびに対立する地区の住人の投票を妨害しようとして乱闘が起きます。ギャングの利権はコカインやマリファナなどの麻薬産業で、キングストンの港が軍の厳重な警戒下にあるのは、80年代に南米の麻薬カルテルがジャマイカをアメリカ市場への積出港に使うようになったからだといいます。

そんな説明をひとしきりした後で、「ところで日本の政治はどうなんだい？」とタクシー運転手から訊かれました。「戦後はずっと同じ政党が政権を持っていたんだけど、つい最近二大政党制になったんだよ」と答えると、彼は不思議そうな顔をします。

「それで、なんで日本人は殺し合わないんだい？」

私たちはずっと、「日本の政治はサイテーだ」という〝自虐史観〟に悩んできました。

しかし戦後の日本人が理想としてきたアメリカでは「ティーパーティー」や「オキュパイ」などの抗議行動が噴出し、ヨーロッパは共通通貨ユーロが崩壊寸前で、移民排斥《はいせき》とEU脱退を掲げる極右政党が支持を伸ばしています。それに対して日本では大規模なデモや社会的混乱もなく、世界の大半の国と比べれば汚職や収賄もきわめてまれです。

上を見れば限りはあるけれど、下を見れば切りがない——私たちは、そんな苦いリアリズムの時代を生きているのかもしれません。

日本はスピリチュアル社会になっていく?

まず、次の三つの質問に答えてください。

A 悪いことをしたらバチが当たると思いますか?

B 良い行ないをしたときも、悪い行ないをしたときも、神や仏はこれを知っていると思いますか?

C 悪い行ないをすれば、たとえその人には何事もなかったとしても、その子や孫に必ず報いがあらわれるという言い伝えがあります。あなたはそう思いますか？

おそらくあなたは、いくつかの質問に「いいえ」と答えたでしょう。

次にこの質問を、１９７６年と２００５年の日本人に訊いたとしたら、どのような結果になるか想像してください。

世代が変わるにつれて、「はい」と答えるひとの比率は少なくなると思ったのではないでしょうか。76年にこの調査を行なった研究者たちも同じです。「お天道様が見ている」と信じる素朴な道徳感情は、お金がすべてのドライな世の中では廃れていくにちがいないからです。

ところが30年後に同じ質問をしてみると、驚いたことに、「古いタイプの日本人」が急激に増えていることがわかりました。

76年と05年でそれぞれの質問に「はい」と答えた割合は、質問Aが6割と8割、質問Bが4割と6割、質問Cが3割と4割です。今では日本人の8割は、「悪いことをしたらバチが当たる」と考えているのです。

それ以外にも、この調査では法の融通性と厳罰志向について調べています。

法の融通性とは、「立入禁止の国有林で雑木を刈ってもいい」など、ケース・バイ・ケースで法を柔軟に適用すべきだという意見です。これも社会が「近代化（法化）」するにつれてルール重視に変わっていくとされていたのですが、実際には昔も今も日本人は、「契約は最初に厳密に決めていく方がいい」ものの、「実情に合わなくなったときは、話し合ってその契約は守らなくてもすむようにしてもらう」と考えています。

厳罰志向についての変化はより顕著で、76年には刑罰の厳しさが「ちょうど適当」と答えたひとが3割いましたが、05年には1割に減り、代わりに「ややゆるすぎる」「ゆるすぎる」との回答が合わせて7割弱に増加しました。

1970年代にはパソコンもネットもありませんでした。世界がグローバル化してテクノロジーが進歩したにもかかわらず、神や仏を信じるひとが大幅に増えているのはおかしな気がします。

しかしこの謎は、かんたんに解くことができます。昔も今も、最初の3つの質問に若者は「いいえ」と答え、高齢者は「はい」と回答します。30年間の比率の変化は、日本の高齢化とまったく同じです。むかしは「合理的」だった若者も年をとると「素朴な道徳」を好むようになり、厳罰が当然だと主張するのです。

日本はこれから人類史上未曾有の高齢化社会に突入し、2050年には国民の4割が65歳以上になります。それがどのような世の中なのかは、この研究が教えてくれます。高齢化社会とは、他人に厳しい「スピリチュアル社会」なのです。

参考資料：木下麻奈子「私たちの法への態度は、どのように変わったか」（文部科学省「法化社会における紛争処理と民事司法」２００７年10月）

10　いじめの進化論

いじめ自殺はなぜ公立中学で起こるのか?

滋賀県・大津市立中学2年生の男子生徒（当時13歳）が2011年10月に自殺し、大きな社会問題になりました。さまざまな議論がなされていますが、ここではなぜ、いじめ自殺は公立中学でしか起こらないのかを考えてみたいと思います。こうした悲劇は、高校や私立中学が舞台となることはほとんどないのです。

高校でいじめ自殺が起きない理由は、誰でもすぐにわかります。高校は義務教育ではないので、いじめられて学校がイヤになった生徒は退学してしまうのです。だとしたら中学も義務教育をやめて、自由に退学できるようにすればいじめ自殺はなくなるはずです。もちろん「中学中退」ではその後の人生はきびしいものになるでしょうが、死んでしまうよりはずっとマシです。

「義務教育の廃止」という劇薬を飲む前に、私立中学ではなぜいじめ自殺が起こらないのかも考えてみましょう。これはもちろん、私立中学の生徒の倫理観が高かったり、教師が理想の教育に身を捧げているからではありません。私立だろうが公立だろうが、生徒も教師も同じようなものです。

私立中学と公立中学では、いじめに対するインセンティブ（動機）と選択肢がちがいます。わかりやすく説明してみましょう。

公立中学の教員は公務員ですから、いじめ自殺のような事件が起きると社会からバッシングされますが、首をすくめて嵐が過ぎるのを待っていれば、いずれは平穏な生活が戻ってきます。

それに対して都市部の私立中学ははげしい生徒の獲得競争をしていて、いじめ自殺はもちろんのこと、「あの学校は荒れている」という評判が立っただけで、優秀な生徒を他校に取られてしまいます。入学者が激減すれば経営が成り立たず、学校は倒産、教師は解雇されてしまうかもしれません。私立中学の経営陣や教師は、「悪い評判を立ててはならない」という強力なインセンティブに動かされているのです。

私立中学では、いじめを根絶するためにどのような手段を使っているのでしょうか？

これはきわめてかんたんで、問題のある生徒は片っ端から退学処分にしてしまうのです。

これはかならずしも「教育的」とはいえませんが、それでもいじめに対する生徒のインセンティブを大きく変えます。私立中学でも教師に気づかれない陰湿ないじめはあるでしょうが、彼らも損得勘定くらいできますから、暴行や恐喝のような「退学リスク」の大きないじめは抑制されるのです。

それに対して公立中学の教師は退学という〝暴力〟を行使することができず、いじめる側の生徒とも3年間つき合っていかざるを得ません。こうした生徒はクラス内での影響力が大きく、きびしい指導で対立すると学級運営が崩壊してしまいます。大津の事件でも、暴力行為を目撃した教員が「あんまりやりすぎるなよ」と注意しただけだったと批判されていますが、それ以上のことなどできない、というのが現場の本音ではないでしょうか。

未来に大きな可能性が待っているのに、わずか13歳で生命を絶つほど悲惨なことはありません。こうした悲劇を繰り返さないためには、すべての中学を民営化して生徒の獲得を競わせると同時に、退学処分の権限を与えればいいのです。

正義の本質は娯楽である

大津市のいじめ自殺事件で、〝加害者〟とされる少年と両親の実名や写真がネット上に公開され、深刻な被害が生じています。こうした「個人攻撃」が行なわれるのは、マスメディアが人権侵害を恐れ、学校や教育委員会ばかりをひたすら批判しているからでしょう。そのため読者（視聴者）は、「少年を自殺に追い込んだ当事者の責任が追及されないのは理不尽だ」という強いフラストレーションを感じます。ここから、「俺が代わりに処罰してやる」という〝必殺仕事人〟の登場まではほんの一歩です。

復讐の物語があらゆる社会で古来語り伝えられてきたのは、それがヒトの本質だからです。そればかりか、「目には目を」というハンムラビ法典の掟は、チンパンジーの社会にすら存在します。

ところで、ヒトはなぜこれほど復讐に夢中になるのでしょうか。その秘密は、現代の脳科学が解き明かしています。脳の画像を撮影すると、復讐や報復を考えるときに活性化する部位は、快楽を感じる部位ときわめて近いのです。

私たちは、気持ちいいのは正しいことで、不快なのは悪いことだとごく自然に解釈します。セックスが快楽なのはできるだけたくさんの子孫を残すためで、腐ったものが不味《まず》いのは食べたら病気になってしまうからです。長い進化の歴史のなかで私たちは、気持ちいいことだけしていればたいていのことがうまくいくよう設計されているのです。

ヒトの脳はなぜ、復讐を快楽と感じるのでしょうか？　その理由はかんたんで、せっかく手に入れた獲物を仲間に奪われて反撃しないような遺伝子は、とうのむかしに淘汰され消滅してしまったからです。生き残ったのは、「復讐せざる者死すべし」という遺伝子なのです。

私たちは無意識のうちに、悪が破壊した秩序を正義が回復する、という勧善懲悪の物語を思い描きます。少年をいじめて自殺に追い込むことが〝悪〟なのは間違いありませんから、その罪はなんらかの〝正義〟によって清算されなければなりません。この感情はとりわけ、法治国家がうまく処理できないような事件が起きたときに爆発します。いじめはその典型で、警察や行政がひとびとの納得する対処法を提示できないからこそ私的制裁が正当化されるのです。

ここでやっかいなのは、個人間のすべての紛争を国家が解決できない以上、私的制裁（やられたらやり返す）は共同体の維持に必要不可欠だということです。右の頰を殴られたら左の頰を差し出すのは立派ですが、そんなひとばかりになれば、好き勝手に相手を殴りつける無法者（フリーライダー）が跋扈《ばっこ》するだけです。

ネットメディアの世界では、もっともアクセスを稼ぐ記事が有名人のゴシップ（噂話）と正義の話だというのはよく知られています。家族の生活保護の受給が問題になったお笑い芸人が典型ですが、「こんな不正は許せない」という話に読者はものすごく敏感です。さらにネットは、匿名で手軽に私的制裁を行なう手段をすべてのひとに提供しました。だとすれば、今回のような事態が起きるのは必然なのです。

マイケル・サンデルの「白熱教室」以来、正義についての議論が盛んです。しかし、正義の本質がエンタテインメント（娯楽）だということを指摘するひとはあまりいません。

公務員という「安全な生贄」

大津市のいじめ自殺事件で、市の教育長が男子大学生（当時19歳）にハンマーで頭を殴られ、頭蓋底骨折の大怪我を負う事件が起きました。男子学生は、「テレビやインターネットで報道を見て、教育長が真実を隠していると思い、許せなかった。殺してやろうと思った」と供述しているといいます。

「正義」に反する出来事があると、私たちは無意識のうちに加害者の処罰を求めます。こうした大衆の怒りはマスメディアが代弁しますが、いじめ自殺は当事者が中学生なので、振り上げた拳をどこに下ろすかが大きな問題になります。

今回の事件では、批判の矛先《ほこさき》は、生徒たちへのアンケート結果を無視して調査を打ち切った市教委に向けられました。とりわけ教育長が、自殺した生徒の家庭にも問題があったと示唆する発言をしたことで、「責任を被害者に押し付けている」との批判が殺到し、襲撃の引き金になったとされています。

公立中学でのいじめ自殺に市の教育長がなんらかの責任を負っていることは間違いないとしても、それではいったいどのようにすればよかったのでしょう。市教委の権限でいじめ自殺の加害者を特定し、処罰すべきだと考えるひとも多いでしょうが、そんなことはマンガかドラマの世界でしかできません。

法治国家では、私的な行為を強制的に調査できるのは警察などの一部の機関だけです。その行為が処罰に値するかどうかは、検察（国）と弁護士が法廷の場でお互いの主張を述べ合って、法に基づいて裁判官が判決を下します。市教委にはこのいずれの権限もなく、独断で〝加害者〟を決めることなどできるわけがありません。

法治国家の原則は、「疑わしきは被告人の利益に」です。匿名のアンケートに「自殺の練習をしていた」という回答があったとしても、処分を下すためには、アンケートの回答者を特定し、その生徒が伝聞ではなく自ら自殺の練習を目撃したことを確認したうえで、その証言によって〝加害者〟の生徒が事実を認めることが絶対の条件になります。そうでなければ、生徒の人権に配慮するのが行政官である教育長の正しい態度なのです。

いじめ自殺の調査について釈明するのが教育長ばかりで、それ以外の教育委員（民間人）がいっさい表に出ないことも批判されました。教育委員会制度が形骸化しているのはそのとおりでしょうが、だからといって個々の委員をバッシングすれば問題が解決するわけではありません。大衆が求めているのはスケープゴートであり、民間人（医師や地元企業の経営者）が批判の矢面《やおもて》に立てば仕事や生活が成り立たなくなってしまいます。そうなればもはや誰も教育委員の職を引き受けようとはしないでしょうから、制度を維持するためには、市の職員が〝生贄〟になるほかはないのです。

今回の事件が後味が悪いのは、マスメディアがそのことをわかったうえで、〝安全な生贄〟として教育長を叩いていたことです。それが私刑（リンチ）を招いたことで、マスメディアはもはや、生徒や学校だけでなく行政を批判することもできなくなってしまいました。

こうしていじめ自殺の犯人探しはタブーとなり、やがては事件の存在そのものがメディアから抹消されることになるでしょう。

学校はいじめを前提に成立している

文部科学省がいじめ対策として、全国の公立中学校にスクールカウンセラーを配置すると発表しました。しかしこれで、いじめ問題は解決するのでしょうか。

「子どもの『命』を守るために」との副題がついた文科省の2012年の「取組方針」には、「いじめは決して許されないことである」とあります。しかしいじめの根絶を目指すのは、子どもに人間であることをやめろというのと同じです。

ヒトは社会的な動物ですから、チンパンジーなどと同様に、ごく自然に集団をつくり、敵対する集団と競い合いながら仲間意識を高めていくよう生得的にプログラミングされています。クラスではリーダーを中心に5～10人の複数の集団が生まれますが、同じタイプの集団が並存することはありません。クラス内では集団同士の抗争が禁じられているからで、まず男子と女子に分かれたうえで、ガリ勉、おたく、不良など、異なるタイプの集団が微妙なバランスで棲み分けることになります。

集団が成立するためには、「仲間」と「敵」を区別する境界が必要です。この境界は、誰かを仲間に入れたり、仲間はずれにしたりすることで絶えず確認されます。こうした境界確認行動によって子どもたちは「共同体」をつくっていくのですが、このゲームがいまは「いじめ」と呼ばれるのです。

いじめ（＝集団づくり）はヒトとしての本能ですから、原理的に根絶できません。子どもを強制的に一カ所に集めて教育する近代の学校制度は、最初からいじめを前提にしているのです。

子どもには、「俺たち」と「奴ら（自分たち以外）」を分ける本能があります。クラスが男と女でグループ化するのは異なる性を「自分たち以外」に分類するからですが、じつはそれ以上に明確な境界線があります。それが、「子ども」と「大人」です。

どのような子どもでも、大人を「敵」もしくは「他人」と感じています。仲間の秘密を教師にチクることはもっとも不道徳な行為で、この規範を犯すと子ども集団全体から排除されてしまいます。教師であれば誰でも身に染みて感じているでしょうが、仲間同士のトラブルを生徒に「相談」させることはきわめて困難なのです。

スクールカウンセラーが機能しているように見えるのは、不登校のような家庭問題を扱っているからです。大人が自分たちの集団に介入してこなければ、ほかの生徒は興味を持ちません。それに対していじめは子ども集団の秘密そのものですから、いじめられている生徒が自分から相談に来ることはないし、無理に相談に乗ったとしてもその生徒をより追いつめることにしかならないでしょう。

効果的な〝いじめ対策〟があるとしたら、いじめを前提としたうえで、仲間はずれにされた生徒が別の集団に移っていけるよう、学校という閉鎖空間を流動化させることです。そのうえで、暴行や恐喝のような犯罪行為には、犯人を学校から排除（退学）させる仕組みが必要です。しかしこうした「改革」は、現在の公教育の枠組みを根底から覆すので、文科省にできるわけがありません。

文科省によれば、平成25年度「いじめ対策関連事業」の概算要求案は前年度より27億円多い約73億円になっています。このようにして、税金は無意味に使われていくのです。

Part4

L I F E

人 生

11　彼と彼女の微妙な問題

お金はなぜ〝汚い〟のか

世の中のほとんどのひとは、お金を汚いものと思っています。それと同時に、「お金より大事なものはない」ともいいます。これはいったいどういうことでしょう。

この秘密は、私たちが異なるふたつの世界に暮らしているからです。

私たちにとっていちばん大事なのは親子や兄弟姉妹、夫婦や恋人との人間関係で、これを「愛情空間」とします。次に大事なのは友だちとの関係で、これが「友情空間」です。愛情空間や友情空間を含む、身近な知り合いの住む世界を「政治空間」と呼ぶことにしましょう。私たちの人生のほぼすべては、この政治空間のなかで営まれます。

政治空間の外側には、近所の八百屋のおじさんからアメリカや中国のインターネット通販業者まで、お金のやり取りでしかつながりのない茫漠《ぼうばく》とした世界が広がっています。

これが、「貨幣空間」です。

貨幣空間（市場）はモノとお金を交換する世界ですから、お金がなければ生きていくことができません。すなわち、お金より大事なものはありません。

ところがこのお金が政治空間（愛情や友情）に持ち込まれると、人間関係を壊してしまいます。このことは、デートのときに3万円の指輪をプレゼントするのと、3万円の現金を渡すことのちがいを考えればすぐにわかるでしょう。

彼女がじゅうぶんに経済合理的であれば、センスのない指輪をもらうよりも、3万円の現金で好きなものを買ったほうがいいと考えるはずです。しかしこんな女性は、どこを探してもいないでしょう（もしいたとしたらけっこう不気味です）。これは、現金を受け取ってセックスすることが売春と考えられているからです。

でもよく考えてみると、これもヘンな話です。

彼女は、プレゼントされた指輪を宝石店に持っていって、3万円の現金に換えることもできます。だとしたら、なぜ宝石のプレゼントが愛情のしるしで、現金を渡すのが売春になるのでしょうか？

世の皮肉屋は、ここで「結婚は売春の一形態」と軽口をたたきます。しかしこれは、正しくはありません。私たちはもちろん、結婚と売春を峻別《しゅんべつ》しています。

売春というのは、貨幣空間におけるお金とセックスの交換のことです。そこで問題になるのは価格に見合うサービスが提供されたかどうかで、需要と供給のあいだで特別な人間関係が生じることはありません。

それに対して結婚は、愛情空間（政治空間）における男性と女性のつながりのことです。愛情を純粋なものに保つためには、二人の関係から貨幣を慎重に排除しなければなりません。

日本では、夫が給料の全額を妻に渡すのがふつうでした。家事労働を時間計算したらたんなるお手伝いさんですから、家庭から貨幣を排除するなら夫が妻から小遣いをもらうほうが自然です。

友だち同士で飲みにいっても、割り勘にするのではなく、どちらかがおごるのが正しいマナーとされています（次は相手がおごって負担を均等にします）。こんな奇妙な慣習が残っているのも、貨幣への過度の執着が友情を壊すと考えられているからでしょう。

このように、お金は愛情空間や友情空間では汚く、貨幣空間では大事なものです。そして世の中の大半の問題は、このふたつの異なる世界が混じりあってしまうことから起こるのです。

男と女はなぜわかりあえないのか？

男と女はなぜすれ違うのでしょうか？　文学から映画まで、あらゆる芸術はずっと愛の不毛をテーマにしてきましたが、あなたが恋人とわかりあえない理由を現代科学はすでに解明しています。しかも、たった一行で。

「異なる生殖戦略を持つ男女は〝利害関係〟が一致しない」

男と女の生殖機能はまったく違っていて、子どもをつくるコスト（負担）も大きく異なります。

男の場合は精子の放出にほとんどコストがかかりませんから、より多くの子孫を残そうとすれば、できるだけ多くの女性とセックスする乱交（ハーレム）が進化の最適戦略になります。

それに対して女性は、受精から出産までにおよそ10カ月もかかり、無事に子どもが生まれてもさらに1年程度の授乳が必要になります。これはきわめて大きなコストなので、セックスの相手を慎重に選び、子育て期間も含めて長期的な関係をつくるのが進化の最適戦略です（セックスだけして捨てられたのでは、子どもといっしょに野垂れ死にしてしまいます）。

男性は、セックスすればするほど子孫を残す可能性が大きくなるのですから、その欲望に限界はありません。一方、女性は生涯に限られた数の子どもしか産めないのだから、セックスを「貴重品」としてできるだけ有効に使おうとします。ロマンチックラブ（純愛）とは、女性の「長期志向」が男性の乱交の欲望を抑制することなのです。

あなたはきっと、これをたんなる理屈だと馬鹿にするでしょう。しかし進化論による「愛の不毛」は、大規模な社会実験によって繰り返し証明されています。それは、世の中に同性愛者がいるからです。

同性愛者は愛情（欲望）の対象が異性ではなく、男性同士あるいは女性同士でパートナーをつくります。そこでは恋人同士の間に生殖戦略のちがいが存在しませんから、お互いの利害が一致した〝純愛〟が可能になるはずです。

よく知られているように、男性同性愛者（ゲイ）と女性同性愛者（レズビアン）の愛情やセックスのあり方は大きく異なっています。

ゲイはバーなどのハッテン場でパートナーを探し、サウナでの乱交を好みます。エイズが流行する前にサンフランシスコで行なわれた調査では、100人以上のセックスパートナーを経験したとこたえたゲイは全体の75％で、そのうち1000人以上との回答が3割ちかくありました。彼らは特定の相手と長期の関係を維持せず、子どもを育てることにもほとんど関心を持ちません。

それに対してレズビアンのカップルはパートナーとの関係を大切にし、養子や人工授精で子どもを得て家庭を営むことも珍しくありません。レズビアンの家庭は、両親がともに女性だということを除けば（異性愛者の）一般家庭と変わらず、子どもたちはごくふつうに育っていきます。

ゲイとレズビアンのカップルは、なぜこれほどまでに生き方がちがうのでしょうか。進化論だけが、この問いに明快な答えを与えることができます。ゲイの乱交とレズビアンの〝一婦一婦〟制は、男性と女性の進化論的な戦略のちがいが純化した結果なのです。

参考文献：スティーブン・ピンカー『心の仕組み』NHK出版

あなたの隣にいるエイリアン

人類の遺伝子をたどると、約20万年前のアフリカの女性にたどり着くといいます。サバンナで生まれた人類（ホモ・サピエンス）の祖先は、約5万年前に故郷を捨ててアジアやヨーロッパ、南北アメリカからオーストラリアまで広がっていきました。

その後、ヨーロッパ北部に移住したヒトは、短い日照時間にあわせて皮膚のメラニン色素を減らし、白い肌に進化しました。アジアに移住したヒトのメラニン色素は、やはり日照時間に応じて、白人と黒人の中間あたりに落ち着きました。このようにして、数万年のあいだに白人、黒人、黄色人種のちがいが生まれたと考えられています。

いうまでもなく、人種差別はこの世界が抱えるもっとも大きな問題のひとつです。つい100年ほど前までは、黒人やインディアン（ネイティブアメリカン）は殺したり奴隷にしたりしてもかまわないと思われていました。アジアの黄色人種は、黒人から白人へと「進化」する中間段階で、「半人間」として扱うべきだとされていました。人種についてのこうした誤解がどれほど多くの悲劇を生んできたかは、あらためて述べるまでもありません。

じつは私たちは、肌や髪、目の色のちがいよりもずっと見知らぬヒトと日常的に接しています。それが、男にとっての女（あるいは女にとっての男）です。

最近の研究では、男と女はたんに生殖機能が異なるだけでなく、脳の構造もちがっていることがわかっています。

たとえば男性の言語機能は左脳に集中していて、脳卒中でこの部分が損傷するとたちまち話せなくなってしまいますが、女性の場合は言語能力がかなりの程度維持されます。逆に男性は、右脳が損傷を被っても言語能力に影響はありませんが、女性は言語性ＩＱ

が明らかに低下します。これまでの常識とはちがって、女性は話すために脳の両方を使っているのです。

さらに男性と女性では、見ているものまでがちがっているかもしれません。目の網膜は光を神経シグナルに変換する仕組みですが、視野の中央と周辺では異なる神経節細胞がはたらいています。中心部にあるP細胞は色や質感などの情報を集め、周辺部のM細胞はものの動きを検知します。そして、男性の網膜は主にM細胞（動きと方向）が分布するのに対し、女性の網膜はP細胞（色と質感）で占められているのです。

この単純な網膜の構造のちがいから、女の子が赤やオレンジといったカラフルな色が好きで、質感に富んだ人形で遊びたがる理由がわかります。逆に男の子は、色にはほとんど興味を示さず、トラックや飛行機など動くものに強く引かれます。

「男女平等」の思想によって、これまで男と女のちがいは文化的なものだと考えられてきました。しかしこうした研究は、性差が生得的なものであることを示唆します。チンパンジーの子どもを観察すると、オスは車のおもちゃ、メスは人形で遊びたがるのです。

もちろんこのことは、男女差別は当然だ、ということを意味しません。たとえ脳の構造がちがっていても、男と女は努力してわかりあおうとします。

私たちがすぐ隣にいるエイリアンと共生できるのなら、たんに肌の色がちがうだけの人々とわかりあえないはずはないのです。

参考文献：レナード・サックス『男の子の脳、女の子の脳』草思社

彼が彼女を許せなかった過ち

　ある日の夜、住宅街を歩いていると、後ろから若いカップルの言い争う声が聞こえてきました。といっても、男性が一方的に怒っているようです。

「オレは高校ではサッカーやってたけど、プロのピッチに立ったことはないよ」男性が、苛立《いらだ》った声をあげます。「だからといって、オレがサッカーを語っちゃいけないっていうのかよ」

「そんなことじゃなくて……」彼女が、困惑した様子でなにかいいかけます。

「オレはたしかに会社で働いたことはないよ」それをさえぎって、男性がさらにいいつのります。「でもそれが、テツの仕事のことをいっちゃいけない理由にはならないだろ」

　このあたりで、ようやく話の筋が見えてきました。二人にはテツという共通の友人がいて、最近、どこかの会社に就職しました。そのことについて男性が、「あんなブラック企業なんかサイテーだ」と批判したところ、彼女から、「あなたはいちども働いたこ

とがないじゃない」といわれてしまったのです。

男性はそれに逆上して、「プロの経験がなければプロサッカーを語れないのか？」と、彼女を責めはじめました。歩く速さが同じなのと、男性の声が大きかったのでこうしたやりとりがすべて聞こえてしまったのですが、彼女に対するこの非難はかなり理不尽です。

男性のロジックは、「倫理的な問題を一般的な問題にすりかえる」という典型的な詭《き》弁《べん》です。

素人がプロのサッカー選手を批判することはもちろん自由です。「メッシって、やっぱりたいしたことないな」とか。

こうした気楽な批評が許されるのは、私たちとメッシのあいだになんの個人的な関係もないからです。メッシが私の言葉を聞いて不愉快になることもなければ、そもそも私の存在自体を知らない、ということを前提として、好き勝手なことをいう自由が成立します。

しかしこうした権利は、常に認められるわけではありません。少年サッカーの試合で、頑張ってる子どもを「下手くそ」と罵ることを「表現の自由」とはいわないでしょう。

カップルの諍《いさか》いは、就職した友人を男性が批判したことがきっかけでした。それに対して彼女は、「フリーターしかしたことのないあなたに、そんなことをいう資格があるのか」と訊いたのです。

ここで問われているのは、「フリーターは正社員を批判できるか」という一般論ではなく、「どのような立場であなたは友人を批判するのか」という倫理的な態度です。男性は、彼女の道徳的な問いにちゃんとこたえることができなくて、個人的な問題を一般論にすりかえて怒り出したのでした。

こうした詭弁は、私たちのまわりでもとてもよく目につきます。それがどれほど無様であっても、私たちは、攻撃されると反射的に身を守ってしまうのです。

彼女には、恋人とケンカするつもりはなかったのでしょう。しまいには黙り込み、泣き出してしまいました。それでもプライドを傷つけられた男性は、いつまでも同じ非難を繰り返すばかりです。

さっさと許して仲直りすればいいのに、過ちを認めるのはやっぱり難しいのかなあ。

彼女が宇宙人になったら

もうずいぶんむかしの話ですが、学生時代につき合っていた女の子から突然電話があって、数年ぶりに再会することになりました。当時はバブルの余熱がまだ残っていて、六本木のカフェバーに颯爽《さっそう》とやってきた彼女は、ヴィトンのバッグにシャネルのワンピースというゴージャスさです。

バーボンのオンザロック（当時はそんなのを飲んでいた）を傾けながら、お互いの近況や知り合いの消息を伝えあって、けっこういい雰囲気になったときです。ごく自然な口調で、彼女がいいました。

「これまで誰にも打ち明けなかったんだけど、わたしじつは宇宙人なの」

最初は、いったいなんのことかぜんぜんわかりませんでした。

「子どもの頃から、自分は他人とはなにかちがうってずっと不思議に思っていたの。その理由が、最近、ようやくわかったのよ」

それから彼女は、自分が宇宙人としての特殊能力を持っている理由をつぎつぎと挙げました。でもそれは、エレベーターに乗ろうと思ったら自然にドアが開いたとか、駅のプラットフォームに降りたら電車が入ってきたとか、どれもよくある偶然としか思えませんでした。そのうえ彼女は、宇宙人の祖先を知るために、一人でペルーまで行ってきたというのです。

「セスナに乗って、ナスカの地上絵を見たの。そのとき、メッセージが届いたの。君のためにこれを描いたんだって」

カルト宗教にはまったわけではありません。彼女は独力で、この奇妙な信念を持つに至ったのです。

なぜ、こんなことになるのでしょう。最新の脳科学は、これを次のような実験で説明します。

よく知られているように、右脳は感覚を、左脳は言語を統括します。右脳に送られた情報は、脳梁《のうりょう》と呼ばれる橋を通って左脳に伝わり、そこで言語化されます。ところがごくまれに、てんかんの治療のため、手術で脳梁を切断してしまうことがあります。こうした患者は、情報の伝達経路を失って、右脳で受信した情報を左脳で言語化することができません。

実験では、脳梁を切断した患者の左視野（情報が右脳に入力される）に、「笑え」と書いたボードを示します。すると患者は、その指示にしたがって笑います。右脳は、言葉を理解することができるのです。

そこで患者に、「あなたはなぜ笑ったのですか？」と訊くと、患者は、「先生の顔がおかしかったから」などとこたえます。論理的な説明を考えるのは左脳ですが、右脳からの情報がないので、ボードで「笑え」と指示されたことを知りません。しかし、自分が笑ったというのは事実なのですから、そこにはなにか理由があるはずです。

こうして無意識のうちに、左脳はもっともらしい理屈を見つけてきます。

この実験が興味ぶかいのは、私たちがこの合理化の過程をまったく意識できないということです。左脳は、自分の解釈が正しいと信じて疑いません。

共通の知人に聞いたところ、彼女はその頃、ながくつき合っていた男性と別れたといいます。プライドの高い彼女にとって、それは大きなこころの傷になったのでしょう。

彼女は、自分がなぜこんな思いをしなければならないのかわかりませんでした。

そしてある日、彼女のもとに宇宙からのメッセージが送られてきたのです。

参考文献：マイケル・S・ガザニガ『社会的脳―心のネットワークの発見』青土社
下條信輔『サブリミナル・マインド―潜在的人間観のゆくえ』中公新書

12　日常に溢れる「魔法」

「48」というマジックナンバー

ＡＫＢ48総選挙がたいへんな盛り上がりを見せています。なぜ、どこにでもいそうなふつうの女の子たちがこんなにも注目を集めるのか？　それにはさまざまなヒミツがあるでしょうが、ここではＡＫＢではなく「48」という数について考えてみます。

ＡＫＢ48は、アニメやゲーム、ライトノベルなどの舞台となる理想の女子高を現実化しているとしばしば指摘されます。これは男子の妄想というだけでなく、熱狂的な女の子のファンが多いことからもわかるように、「私もあんなクラスのひとりになりたい」という夢を現実化したからでもあります。だとすればコアメンバーの「48」は、ひとクラスの人数の上限ということになります。

ＡＫＢ48には、メンバー同士を組み合わせた、多くが5～10人程度で構成されるさまざまな派生ユニットがあります。「48」がクラスだとすると、こちらは班に相当するでしょう。ＳＭＡＰに象徴されるように、「５」という数はアイドルグループの基本形ですから、ＡＫＢは班単位だったアイドルをクラスの規模にまで拡大したのです。

ところでなぜ、ひとクラスは50人が上限で、ひとつの班は５人が基本になるのでしょうか。これはいい加減に決めたのではなく、そこには人類史的な必然があります。

アイドルグループの基本形が「５」なのは、それが兄弟・姉妹を連想させる上限だからです。世の中には10人兄弟や20人兄弟もいるでしょうが、私たちはそれをうまく家族と認識することができません。人間同士のつながりでもっとも強いのが血縁で、アイドルグループは擬似家族となることでひとびとに強く訴えかけるちからを持ちます。班が５人を基本にするのも、それがお互いにもっとも協力しやすい人数だからです。

それに対して「50」というのは親族などをふくむ大家族の人数で、狩猟採集時代のヒトの群れの上限に相当します。人類の歴史の98％を占める旧石器時代には、ヒトは30～50人の群れをつくって、果物を採集したり小動物を狩ったりしながら移動生活をつづけていました。私たちの脳はこの時代に合わせて遺伝的に最適化されており、「50」というのは、集団のなかの一人ひとりを個人として認識できる限界なのです。

集団の人数が80人や１００人になると、私たちはもはや一人ひとりの個性を見分けることができなくなります。それでも１５０人くらいまではなんとか顔と名前を一致させることが可能ですが、200人を超えると集団としての一体感は急速に失われていきます（会社でも、社員数が200人を超えると事業部制の導入が検討されます）。「150」というのは、農耕社会におけるひとつの村の人口の上限です。近代社会が成立するまでは、100～150人で構成されるムラ社会がひとびとの生活のすべてでした。この「150」は、かつては年賀状などで時候の挨拶をする知り合いの数であり、いまは携帯に登録する友だちの数でもあります。こうした知り合いで構成される直接的な人間関係が「世間」で、私たちはその外側にいるひとたちをヴァーチャルな記号の集積としてしか感じられません。

「5」「50」「150」というマジックナンバーは、それぞれ家族、親族、ムラという、生き延びるのに死活的に重要な人間集団に対応しています。AKBは「58」や「68」であってはならず、「48」には進化論的な理由があったのです。

参考文献：ロビン・ダンバー『友達の数は何人？―ダンバー数とつながりの進化心理学』インターシフト

俺たちのカワシマを守れ！

2011年8月、ベルギー1部リーグのリールセに所属していた日本代表ゴールキーパー川島永嗣《えいじ》選手が、アントワープのクラブ・ゲルミナル戦で、ゴール裏の相手サポーターの「カワシマ、フクシマ」という野次に抗議し、試合が一時中断されるという出来事がありました。

YouTubeにアップされていたダイジェストを見ると、試合はリールセのホームゲームで、開始前には東日本大震災の犠牲者のために黙禱《もくとう》が捧げられています。それだからこそ、福島原発事故の被災者に対する心ない野次は許されず、毅然《きぜん》として審判に申し出た川島は立派です。

試合は後半16分にリールセが先取点をあげたあたりから荒れはじめ、中断再開後の後半35分、ディフェンダーのクリアミスから同点に追いつかれると、こんどはリールセサポーターがゲルミナルのゴールキーパーに激しい野次を飛ばす騒然とした雰囲気になったようです。

この出来事はヨーロッパでも大きく報じられ、試合の翌日にはゲルミナルのホームページにサポーター代表の謝罪が掲載されました（その後、クラブの選手・関係者による日本語の謝罪文と、サポーターへの義捐金《ぎえんきん》の呼びかけがトップページに掲げられました)。

ヨーロッパサッカーでは、黒人選手に対するモンキーチャントなど、人種差別が大きな問題になってきました。フーリガンと呼ばれる暴力的なサポーターにはネオナチなどの白人至上主義者も多く、サッカーが人種間の憎悪を増幅させているとの批判もあります。

残念なことに、私たちは人種や国籍で無意識のうちにひとを差別してしまいます。進化心理学でいうならば、これは〝差別のプログラム〟がヒトの遺伝子に埋め込まれているからです。

しかしサッカーには、「差別」とは別の進化論的プログラムによって、このやっかいな性向を修正する素晴らしい機能があります。それが〝チーム愛〟です。

川島への「フクシマコール」に本気で怒ったのは、リールセのサポーターたちでした。彼らは原発事故のことを知ってはいても、遠い日本のニュースにさほど興味は持っていないでしょう。

それではなぜ彼らは激昂したのか。それは、「俺たちのカワシマ」が〝奴ら〟に侮辱されたからにほかなりません。

どんなサポーターも、人種や国籍に関係なく、自分が愛するチームの選手への誹謗《ひぼう》中傷はぜったいに許しません。それは、自分への侮辱と同じことだからです。

この本能的な怒りには、なんの理屈もありません。遠い国からやってきた選手がチームの一員に加わったとたん、なにかの魔法にかかったかのように、あらゆる〝ちがい〟は消滅して自分と一体化してしまうのです。こうして、ネオナチの若者が黒人選手の熱狂的なファンになるという「奇跡」が起こります。

ヨーロッパサッカーは、世界じゅうから一流選手が集まることで、あちこちでこうした小さな奇跡を起こしています。「俺たちのチームが世界一だ」という偏狭なローカリズム（地域主義）が、人種の壁や国境を越えてグローバリズムへとまっすぐにつながっていくところに、サッカーのいちばんの魅力があるのです。

セロトニンで出世する方法

１９９０年代以降脳科学は急速に進歩して、私たちの脳が化学物質によって大きな影響を受けていることが明らかになりました。

脳の仕組みというのは、簡単にいえば入力と出力のあるデジタルマシンで、ニューロンとニューロンの間を化学物質を使って情報伝達しています。そのため、脳内化学物質によく似た薬物を摂取すると、ニューロンが活性化して特有の精神作用が生じます。

これを利用したのがドラッグで、覚醒剤として知られるアンフェタミンは脳内でノルアドレナリンやドーパミンを放出させ、強い快感を引き起こします。逆にアヘンからつくられるヘロインやモルヒネは、興奮の伝達を遮断することで痛みをやわらげ、多幸感を生み出すことが知られています。LSDやエクスタシーのように、脳内の知覚刺激反応を増強させて、恍惚《こうこつ》感《かん》をともなう神秘体験を起こす薬物も開発されました。

いまでは、脳を直接刺激して精神を操作する方法も見つかっています。

たとえば、脳に強い磁気を当てて側頭葉を活性化させれば幻覚を見るし、左前頭葉ならナチュラルハイになります。さらに、その磁気を大脳の快楽中枢である中隔に向けると、「1000回のオーガズムが同時に襲ってくる」ほどの喜悦を感じるといいます。

サルにボタンを押して中隔を刺激する方法を教えると、ひたすらスイッチを押しつづけ、食べることも眠ることもできなくなり、だいたい2週間で餓死か衰弱死してしまいます。これはまさに「究極のドラッグ」です。

こうした強烈な薬物ではなく、化学物質の摂取によって気分を変えるのがスマートドラッグです。

うつ病の治療薬として知られているのがプロザックで、これはセロトニンという脳内物質のレベルを上げる効果を持っています。

アメリカの脳科学者がベルベットモンキーの集団を調査したところ、ボスザル（アルファオス）は他のオスより2倍もセロトニンのレベルが高いことがわかりました。さらには、ボスの地位を失ったオスはセロトニンのレベルが低下し、うずくまって身体を揺らし、エサを食べなくなって、どこから見ても抑うつ状態の人間と同じようになってしまいました。

次に彼らは、群れからボスザルを隔離し、適当に選んだサルに抗うつ剤を処方してみました。すると驚いたことに、常にそのサルがボスになったのです。

人間の集団でも、うつ傾向の強いひとがリーダーに向かないのは明らかです。逆に、ひとの上に立つような意欲的な人物は、脳内のセロトニンレベルが高い軽躁《けいそう》状態にあるのかもしれません。

ひと（とりわけ男性）は、地位が上がるとセロトニンが分泌されて、ますますテンションが上がります。地位を失うとセロトニンもなくなって、うつ病になってしまいます。失脚した政治家が自殺したり、すぐに病死したりするのを見ると、地位とセロトニンの仮説はけっこう説得力があります。

では、プロザックなどの抗うつ剤を飲むと、人工的な躁状態になって出世できるようになるのでしょうか？

残念ながらそのような研究はまだありませんが、そのうち、「出世に効くドラッグ」

が登場しても不思議はありません。

参考文献：V・S・ラマチャンドラン『脳のなかの幽霊』角川書店
ランドルフ・M・ネシー、ジョージ・C・ウィリアムズ『病気はなぜ、あるのか──進化医学による新しい理解』新曜社

〝モテキ〟はなぜやってくるのか？

ちょっとした書店にはかならず〝モテ本〟のコーナーがあります。その名のとおり、どうすればモテるかを指南した恋愛ハウツー本です。その中身はさまざまですが、多くはモテるファッションや会話術、デートスポットやラブホの誘い方など、個人的な努力について書かれています。

ところで、恋愛には相手が必要です。この世のすべての恋愛術をマスターしても、女（男）の子がいなければ宝の持ち腐れです。

「なにを当たり前のことを」と思うかもしれませんが、これはけっこう奥の深い問題です。モテるために大事なのは、ファッションセンスやシャレた会話ではなく、どれだけ

異性と知り合える機会を持っているか——社会的ネットワークのなかで自分がどの場所にいるか——かもしれないのです。

アメリカでは、恋愛行動と性行動についての大規模な社会調査が行なわれています。それによると、知り合いの紹介で配偶者やセックスパートナーと出会ったひとは約7割で、「自力」で出会ったひとは3割程度しかいません。前者でももっとも多いのは友人の紹介で、35~40%にもなります（次に多いのは家族による紹介の15%です）。ほとんどのひとは、ゆるやかな友だちネットワークのなかでカノジョ（カレシ）を見つけているのです。

恋愛でなぜ紹介が有効なのかは、ものすごくかんたんに説明できます。バーで（道端や電車のなかでも）ばったり出会った異性のことを、あなたはなにも知りません（当然、相手もあなたのことを知りません）。そんな二人がなにかのきっかけでつき合いはじめて長続きするかどうかは、まさに「神のみぞ知る」です。

ところがあなたの親友のカノジョが、自分の友だちをあなたに紹介する場合、二人のことをよく知っていて、お似合いのカップルだと思っています。自分のことは自分ではよくわかりません。だったら、自分（たち）のことを知っている他人に任せてしまったほうがうまくいく可能性が高いのです。

集団のなかでの恋愛（性愛）行動は、いまでは社会心理学の重要なテーマです。その研究によると、ひとは絶対的な評価（キムタクと比べて8割はイケてる）よりも、所属する集団のなかでの相対的な地位（あいつよりはイケてる）を気にします。

チンパンジーは、アルファオス（アルファメス）を筆頭に、集団内で序列をつくります。これは友だち集団も同じで、アルファオス（男の子のリーダー）はアルファメス（女の子のリーダー）とごく自然にカップルになります。一夫一婦制では、集団内の序列を上げることがよりよい（繁殖力の高い）異性を獲得する鉄板の戦略なのです。

恋愛戦略（繁殖戦略）のちがいで、男と女のすれちがいも説明できます。

さまざまな調査で、女性は、魅力的な女性とつき合っている男性に魅かれることが知られています。これは、モテることが、その男性の繁殖能力の高さの社会的な証明になっているからです。なにかの偶然で素敵なカノジョができると、それと同時に〝モテキ〟がやってくるのです。

ちなみに男性は逆に、〝モテる〟女性を避ける傾向があります。競争相手が多いとそれだけ繁殖可能性が下がるのですから、これも「進化論的に合理的」な行動なのです。

参考文献：ニコラス・A・クリスタキス、ジェイムズ・H・ファウラー『つながり―社会的ネットワークの驚くべき力』講談社

13　知りたくなかった？　人生の真実

宝くじは「愚か者に課せられた税金」

「1等前後賞合わせて3億円!!」のサマージャンボ宝くじが発売され、人気の売場にはさっそく行列ができています。宝くじの魅力は夢をかなえる一攫千金《いっかくせんきん》にあるのでしょうが、その一方で、「宝くじを買うひとはお金持ちにはなれない」ともいわれています。

その理由は、小学生でもわかるような単純な期待値の計算ができないからです。

あらゆるギャンブルは、賭け金からショバ代（経費）が差し引かれ、残金の合計を勝者（当せん者）が総取りする仕組みになっています。競馬を開帳するには競馬場や競走馬などが必要になりますから、賭けの参加者が胴元にショバ代を支払うのは仕方のないことです。もちろん、この参加費が安ければ安いほど、勝ったときの払い戻し額が大きくなるという法則も共通です。

ある賭けに100円を投じたとき、平均してそのうちいくら払い戻されるかがギャンブルの期待値で、競馬や競輪など公営ギャンブルの期待値は75円（経費率25%）です。この期待値はゲームの種類によって異なり、ラスベガスのルーレットは約95円、パチンコやスロットは約97円とされています。プロのギャンブラーにバカラ賭博が好まれるのは、ゲームが面白いからではなく、期待値が約99円ときわめて高いからです。

ところで日本の宝くじは、平均的な期待値が47円と恐ろしく低いことが特徴です。サマージャンボを3000円分買ったとすると、その瞬間に1590円が日本宝くじ協会によって差し引かれてしまいます。これほど割に合わないギャンブルはほかにはないので、「宝くじは愚か者に課せられた税金」と呼ばれるのです。

宝くじを買うひとは誰もが1等当せんを期待するでしょうが、その夢がかなうのは交通事故で死ぬ確率よりもはるかに低いのですから、購入者が合理的であれば、大金持ちになる前に交通事故死してしまうと考えて買うのをやめるはずです。それでも膨大な数の宝くじ愛好家がいるのは、自分の人生にはとてつもなく幸運なことが起きるかもしれないが、それほどの不幸はないだろうと楽天的に考えているからです。

宝くじというのは、マトモに考えれば成り立つはずのない賭け事ですが、行動経済学的にいうならば、確率を正しく計算できない不合理性と、天性のポジティブシンキングに支えられて大繁盛しているのです。

宝くじに関するもうひとつの皮肉は、当せんしても幸福になれるとはかぎらない、ということです。アメリカでは、宝くじで何億円も当てると、新聞やテレビに顔写真付きで大きく報道されます。ところがこうした〝幸運な〟当せん者を追跡調査すると、人生の満足度が大きく下がっているケースが多いことが知られています。

宝くじで大金を手にしたことがわかると、遠い親戚や昔の知人がおこぼれに与《あず》かろうとつぎつぎとやってきます。そうした申し出を拒絶していると、親しい友人関係までもいっしょになくしてしまい、放蕩三昧《ほうとうざんまい》で当せん金を使い果たす頃には、自分にはなにも残っていないことに気づくのです。

それを考えれば、宝くじを買おうと考えるほど楽天的で、やっぱりやめるくらい合理的なのがちょうどいいのかもしれません。

ダイエットに成功すると仕事に失敗する?

「クッキーとダイコン」というちょっと意地悪な実験があります。

同じ部屋に、焼かれたばかりのおいしそうなチョコチップクッキーの皿と、千切りにしたダイコンの皿が置いてあります。「味覚の記憶についての研究」に協力を申し出た大学生をふたつのグループに分け、半数はクッキーを、残りの半数にはダイコンを食べるよう指示します。

クッキーはすごくいい匂いがしているのに、貧乏くじをひいた学生は、それを横目で見ながら不味《まず》いダイコンをかじらなければなりません。研究者はわざと部屋から出ていき、その気になればつまみ食いもできるのですが、「研究のため」といわれているのでガマンせざるを得ないのです。

次にこの大学生たちに、一筆書きで複雑な図形を描くというパズルをしてもらいます。このパズルはどうやっても解けないのですが、学生たちはそんなことは知らないので、あれこれ試行錯誤しながら必死に取り組みます。

じつはこの実験は、クッキーを食べた学生と、ダイコンで我慢した学生とで、集中力にどのようなちがいがあるかを調べるものでした。

その結果は、驚くべきものでした。

クッキーを食べた学生は、平均してパズルに19分を費やし、34回の試行錯誤を繰り返しました。それに対してダイコンを食べた学生は、わずか8分であきらめてしまい、試行錯誤の回数も19回でした。クッキー組に対して、ダイコン組は半分しか集中がつづかなかったのです。

なぜこんな不思議なことが起きるのでしょう。それは、自己コントロールが消耗品だからです。

ダイコン組の学生は、「クッキーを食べたい」という欲望を意思のちからで抑制しなければなりませんでした。それによって「自己コントロール力」を使い果たし、パズルに集中できなかったのです。

ダイエットや禁煙が困難なことはよく知られていますが、この実験結果はより深刻な問題を提起します。超人的な意思力でダイエット(禁煙)に成功しても、そのために自己コントロール力を失って、ほかのことがちゃんとできないかもしれないのです。

身だしなみにすごく気をつかう〝デキる男(女)〟が、いざとなるとぜんぜん使えない、ということはよくあります。その反対に、ふだんはだらしないのに、仕事や勉強に異常な集中力を見せるひともいます。これも、自己コントロール力という有限な資源をどう分配しているか、ということから説明できるかもしれません。

「クッキーとダイコン」の実験は、無意識を意識的に制御することがいかに難しいかを明らかにしました。努力だけではひとは変われないのです。

だったらどうすればいいのでしょうか。

もっとも簡単で確実なのは、環境を変えることです。

ホリエモンこと堀江貴文氏は、収監されて1年たたないうちに20キロ以上の減量に成功したといいます。ダイエットのために刑務所に入るひとはいないでしょうが、無理な自己コントロールをつづけるより、外部コントロールを利用したほうがずっと効果が高いのは間違いありません。

参考文献：チップ・ハース、ダン・ハース『スイッチ！――「変われない」を変える方法』早川書房

恋人が死ぬより長時間通勤の方が不幸？

「恋人（配偶者）が突然死んだとしたら、こころの痛みは最初の年で約3800万円」

こんなことを大真面目で研究している「科学」があるとしたら、誰だってバカバカしいと思うでしょう。

でも「幸福の計算」はれっきとした経済学の一分野で、それ以外にもさまざまな人生のイベントに値段がつけられています。たとえば独身のひとが結婚したとすると、その直後の喜びは43万円の宝くじに当たったのと同じです。最初の子どもが生まれるのは、31万円を道で拾った喜びに相当します……。

結婚や子どもを持つことは私たちをそれほど幸福にはしてくれない――。この研究結果がイギリスで発表されたときにはものすごい反発がありましたが、結婚で失ってしま

った自由や子育ての大変さを思って、ひそかに納得したひとも多いのではないでしょうか。

私たちのこころが、幸福にも不幸にもすぐに慣れてしまうこともわかっています。たとえばある研究では、宝くじに当たったひとと交通事故で下半身麻痺になったひとの人生の満足度を比較しています。当然、それぞれの幸福度には大きなちがいがあると思うでしょうが、その結果は、宝くじに当たってもたいして幸福にはならず、下半身麻痺のひとと比べても大きな差はないというものでした。幸福とは主観的なもので、交通事故で障害を負ったひとは、「生命《いのち》が助かっただけ運がいい」と前向きに考えるのです。

恋人や配偶者と死別すれば、誰もが大きな精神的ショックを受けます。しかしその後の彼らを追跡調査すると、男性では4年、女性では2年で人生の満足度は元に戻ります。離婚はもっとはっきりしていて、最初のうちは傷つきますが、数年のうちに以前より幸福になってしまいます。

あなたは、「こんな話になんの意味があるのか」と思うかもしれません。しかしこれは、今後とても重要になる研究分野です。「お金で買えないもの」はたくさんありますが、しかしそれでも私たちの社会は、それに無理矢理値段をつけなくてはならないからです。

日本の裁判所はこれまで、離婚などのケースを除いて、精神的苦痛に対する損害賠償

（慰謝料）をほとんど認めてきませんでした。賠償というのは実損害に対するもので、〝こころの痛み〟に値段をつけることはできない、という立場です。

しかし一見もっともなこの考え方は、原発事故のような巨大災害が起こると、理不尽なものになってしまいます。住み慣れた我が家から強制避難させられたひとたちも、代わりの住居などを用意されると実損害がなくなってしまうからです。

これではあまりにもヒドいということで、原発事故では精神的な賠償も認められることになりましたが、これまでなんの基準もない以上、加害者（東京電力）と被害者の主張は大きく食い違ったままです。賠償資金が有限である以上、公平で平等な賠償のためにはなんらかの「幸福の計算式」が必要なのです。

ちなみに研究では、死別のような一度かぎりの出来事よりも、持続する苦痛のほうが幸福度を引き下げることがわかっています。毎日の長時間通勤は、恋人の死よりもずっと人生を不幸にするようです。

参考文献：ニック・ポータヴィー『幸福の計算式』ＣＣＣメディアハウス

EPILOGUE

進化論的リバタリアニズムのために

現代の進化論は不愉快な学問であると同時に、役に立たない学問であるとも批判されています。現状を説明することはできたとしても、それを変えていくための処方箋を出せるわけではないからです。

進化論が社会問題や私たちの悩みについて述べていることは、次の一文に要約できます。

ひとは幸福になるために生まれてきたけれど、幸福になるように設計されているわけではない。

進化心理学によれば、私たちの脳は、幸福よりも不安や絶望をより多く感じるようにプログラミングされています。自然淘汰を生き延びたのは、ライオンの前で昼寝をする幸福な楽観主義者ではなく、災厄を恐れてあたりを見回してばかりいる不安神経症の悲観論者でした。遠い将来に遺伝子のプログラムを人為的に書き換えられるようになるまでは、私たちはこのやっかいな進化の産物とつき合っていくほかありません。

教育をめぐる不都合な真実

経済格差など、現代社会の問題の多くは、石器時代の脳が知識社会に適応できないことに起因しています。狩猟採集時代においては、計算能力や論理的な正確さよりも、運動能力や空間把握能力の方がはるかに有用でした。近代とは、ヒトの多様な知的能力の中で、言語的知能と論理数学的知能のみが特権的に高く評価されるようになった時代です。

前期近代の工業社会（日本では１９７０年代まで）では、中卒や高卒でも工場の仕事がいくらでもありました。しかし経済がグローバル化し、先進国が後期近代の知識社会に入ると、製造業は賃金の安い新興国に移り、サービス業は移民が担うようになって、貧困や失業が大きな社会問題になっていきます。

問題の本質は、知識社会化した先進国のなかに、じゅうぶんな言語的知能や論理数学的知能を持たないひとがいることです。だったら、「教育」によって彼らの知的能力を引き上げることで貧困から抜け出す手助けができるはずです。

ところで、適切な教育を受けさえすれば、すべてのひとが知的能力を拡張できるというのはほんとうでしょうか？　ヒトの脳には無限の可能性（可塑性《かそせい》）があるのだから、教育投資の効果は高いと主張するひともいます。しかし私たちは、これについても暗鬱な現実を突きつけられています。

政策の優先順位を「教育、教育、教育」としたイギリスのブレア政権をはじめとして、日本よりも早く後期近代の社会問題に遭遇した欧米諸国は、教育制度や社会保障制度を改革し、すべての国民に知識社会に適応可能な能力を身に付けさせようとしました。とりわけ重視されたのが失業者への就労支援で、失業保険や生活保護などのかたちで現金を給付するのではなく、仕事を得て安定した生活を実現するための職業訓練こそが必須だとされました。

福祉による就労支援は英米ではじゅうぶんな実績がありますから、その成果を客観的に計測することが可能です。アメリカやイギリスなどの研究によれば、職業訓練は母子家庭の失業者には有効ですが、それ以外はほとんど役に立たず、とりわけ低学歴の若者と高齢者への教育投資はまったく効果がないという結果が出ています（阿部彩・國枝繁樹・鈴木亘・林正義『生活保護の経済分析』東京大学出版会）。

この事実は、次のように説明できます。

母子家庭の貧困というのは、子どもを産んだ後に離婚するか、未婚のまま出産した女性の失業問題です。ある男性と出会って、幸福な家庭を築けるのか、それとも関係が破綻するのかは事前にはわかりませんから、子どもを産んだすべての女性が母子家庭になるリスクを抱えています。失業して貧困に陥った女性の母集団は、ふつうの女性なのです。

このことから、母子家庭への公的支援が有効な理由がわかります。母子家庭の抱える問題は、仕事と家庭を両立させることが難しく、求職活動も仕事に役立つスキルの習得もじゅうぶんにできないことです。だとすれば、子育ての負担を軽減し、適切な職業訓練を行なえば、貧困に陥っている母子家庭の母親も、働く女性たちの母集団と同じレベルの仕事をこなせるようになるはずです。そしてこの仮説は、母子家庭への福祉プログラムの実証研究によって見事に証明されました。

母子家庭への税の投入がそれを上回る効果があるというのは素晴らしい話ですが、だったらなぜ、同じ就労支援をしても低学歴の若者には効果がないのでしょうか？

行動遺伝学によれば、知能の7～8割は遺伝で決まります。ジュディス・リッチ・ハリスの集団社会化論では、残りの2～3割は非共有環境、すなわち所属する子ども集団の性格や、そのなかでの役割分担（キャラ）の影響です。こうした性格形成は無意識に行なわれますから、子育てや本人の努力で修正するのはきわめて困難です。

どんな学校にも、不良集団に憧れる子どもがいます。不良の本質は反社会性で、彼らは教師に反抗し、従順に勉強する良い子の集団を馬鹿にします。いったん不良集団に入ると、勉強すれば仲間から排除されるため、ほとんどの場合、学校からドロップアウトしてニートになってしまいます。就労支援についての大規模なデータは、こうした低学歴の若者が「ふつうの」若者の母集団とは異なるという〝不都合な真実〟を示しているのです。

原理的に解決不能な問題を「解決」する

私たちは、すべての問題は解決されるべきだと考えています。医学が進歩すれば虫垂炎や肺炎で死ぬひとはいなくなりますが、そのかわりガンのようなやっかいな病気が残ります。その治療法が見つかれば、次は老化が「病気」と見なされるようになるでしょう。

現代の進化論の一分野である進化医学では、老化は若さの源泉だと考えます。

有性生殖の生き物は、生涯の一時期に生殖能力を最大化するようデザインされています。ヒトの場合、女性は排卵が始まる10代半ばから20代前半、男性の場合は思春期の終わる10代後半から20代が生殖適齢期で、一般に「青春」と呼ばれます。若さが美と同一視されるのはどんな社会でも共通で、恋愛感情は生殖適齢期により多くの子どもをつくるための進化の最適戦略です。

有性生殖の生き物が老いて死んでいくのは、生殖期間を長く延ばすよりも、短い期間に生殖能力を最大化したほうが、遺伝子を後世に残すのに有利だからです。そう考えれば、老化が病気ではなく運命であることがわかります（進化医学では、ガンのような免疫系の疾患も若さの代償と考えられています）。

最先端の長寿科学で寿命が１０００歳になるとか、ナノテクノロジーとＡＩ（人工知能）によって不老不死が実現するとか、そんなＳＦ的未来を真剣に研究している学者もいますが、老いは原理的に解決不能な問題です。しかし、知識社会への不適応が失業や貧困として社会問題化する場合は、「運命」などとはいっていられません。

貧困対策の生活保護はモラルハザードを助長し、政府が仕事を供給する公共事業は財政赤字を膨張させ、職業訓練などの就労支援はほとんど効果がないかもしれません。しかしこれを「原理的に解決不能」として放置してしまえば、社会は不安定化するばかりです。

このような困難な課題を前にしたときにこころしておくべきは、安易な解決策を疑うことです。

失業や貧困に対して素晴らしく魅力的な処方箋を書いたのはカール・マルクスで、20世紀前半には共産主義の理想社会を目指す革命が相次ぎました。そのもっとも純化した試みがカンボジア革命で、若くしてパリに渡り、当代一流の知識人と交流するなかで母国の解放を決意したポルポトは、後に人類史上もっともグロテスクな国家をつくることになります。1975年から79年までのわずか4年間で、飢餓と病気、粛清によってカンボジアの人口の2割に及ぶ150万人が生命を落としました。私たちは、「理想」が地獄へとつづく道であることを忘れてはなりません。

しかしだからといって、すべての夢を放棄してしまえば、この世には絶望だけしか残りません。だとしたら、私たちはいったいどこに向かえばいいのでしょうか?

もちろんここで〝最終解決〟を提示することはできませんが、社会をすこしでも住み良くするためのいくつかのアイデアを述べておきましょう。

(1) 市場を利用する

ベトナムのホーチミン市は、かつてはサイゴンと呼ばれていました。ベトナム戦争で荒廃し、国土統一後は迫害を恐れた中国系住民がボートピープルとなって国外に亡命したことで、パリを模した美しい街並みも長らくスラムと化していましたが、そんな街が、1980年代後半のドイモイ(刷新)政策で大きな変貌《へんぼう》を遂げます。

ホーチミン市街はサイゴン川の西側にあり、川を渡った東側はなにもない湿地帯が広がっているだけでした。それが21世紀に入ると、大規模な不動産開発でたちまちのうちに高級住宅街へと生まれ変わっていきます。

新市街を歩けば、中央に緑の分離帯がある広い道路の両脇に白亜の邸宅が並び、まるでビバリーヒルズのようです。2012年の春に訪れたときは、そこでタキシードとウエディングドレスを着た若いカップルが結婚式の写真撮影をしていました。私がベトナムをはじめて旅したのは1990年代ですが、街に物乞いと花売りの女の子が溢れていたのと比べて驚くような変化です。

こうした〝ちいさな奇跡〟は、中国やインドをはじめとして、アジアのあちこちで見つけることができます。ゆたかさとは無縁だと思われていた中南米や東欧の国々、さらにはアフリカの一部でも、中産階級の誕生という同じ〝奇跡〟が起きています。

かつて途上国の貧困問題は、先進国からの経済援助によって解決すべきものとされていました。しかし冷戦時代に米ソ両超大国の援助合戦が行なわれたインドはいつまでたっても貧困から抜け出せず、経済成長が始まったのは冷戦の終焉《しゅうえん》で以前のような援助を受けられなくなり、規制緩和と市場の開放に踏み切ってからでした。アフリカでは、先進国の援助が現地の市場を破壊し、逆に貧困を生産しているとの批判が、当のアフリカ出身のエコノミストから出ています（ダンビサ・モヨ『援助じゃアフリカは発展しない』東洋経済新報社）。

いま世界のあちこちで起きている〝奇跡〟に目をこらすなら、私たちの幸福にもっとも大きなちからを発揮するのが市場であることは明らかです。もちろん市場は万能ではなく、ときに暴走したりクラッシュしたりすることもあります。しかしそれでも、収容所社会と化した旧ソ連が人類に示したように、国家は市場を支配することも代替することもできません。

日本の政府や官僚は自ら市場を管理・指導しようとしますが、彼らにそのような高い能力があるはずはありません。近代以降、人類にとって最大の災厄は国家でした。私たちは、市場からすこしでも多くの〝奇跡〟を生み出すことを考えるべきです。

(2) 進化論的に制度を最適化する

近所のスーパーでは、ずいぶん前から、レジ袋が不要のひとには会計のときに代金から2円引くエコバッグ・キャンペーンをやっていました。しかし見ていると、エコバッグを持参しているのはごく少数で、大半のひとは当然のようにレジ袋を使っていました。わずか2円を節約するために、特別なことをしようなどとは思わないのです。

ところが先日、久しぶりにスーパーに行くと、レジに並んでいるほぼ全員がエコバッグを持っています。いったいなにが起きたのでしょう?

その秘密は、レジの手前に袋を置いて、必要なひとは自分で買い物カゴに入れるシステムにありました。

会計のときは、レジ袋1枚につき2円が加算されます。袋をもらえなくて戸惑っている客には、「1枚2円になりますけどよろしいですか？」と訊きます。そうするとほとんどのひとが、しばらく逡巡《しゅんじゅん》したあと、「だったらいりません」とこたえて品物をバッグに詰め込むのです。

よく考えると、この行動は経済合理性では説明できません。これまでレジ袋代2円を引いてもらう機会を無視していたのだから、2円を追加で払ったとしても同じことです。ところが、「2円得する」ことにまったく興味のなかったひとが、「2円損する」と気づいたとたん、行動が変わってしまうのです。

このような不思議なことが起こるのは、ヒトが得よりも損に敏感に反応するよう「設計」されているからです。1年間に100回スーパーに行くとしても、レジ袋代は200円にしかなりません。年200円の節約のためにブランドもののエコバッグを買うのは経済的には不合理ですが、目の前のわずかな損失を回避しようと努力するのは〝進化論的〟にはきわめて合理的なのです。

同様に、ヒトの進化論的な特性を利用することで、なんの費用もかけずに深刻な社会問題を解決することができます。

日本でも2009年に臓器移植法が成立しましたが、臓器提供の希望者（データセンターへの登録者）は全国で40万人程度、18歳から54歳までの登録対象年齢人口に対する割合はわずか0・7%しかありません。

そのため臓器移植が必要なひとが手術を受けられず、中国やインド、東南アジアなどで臓器を購入することが国際問題になっています。患者は臓器提供が受けられなければ死んでしまうのですから、この問題を道徳的に批判しても意味がありません。

下の図は、欧米におけるドナー登録者の割合です。一目見てわかるように、デンマーク、ドイツ、イギリス、オランダ、アメリカなどが4~30%なのに対し、ベルギー、ポーランド、ポルトガル、フランス、ハンガリー、オーストリアはほぼ100%の登録率です。

このちがいは、文化や教育の差では説明できません。ドナー登録率12%の

国別ドナー登録者の割合

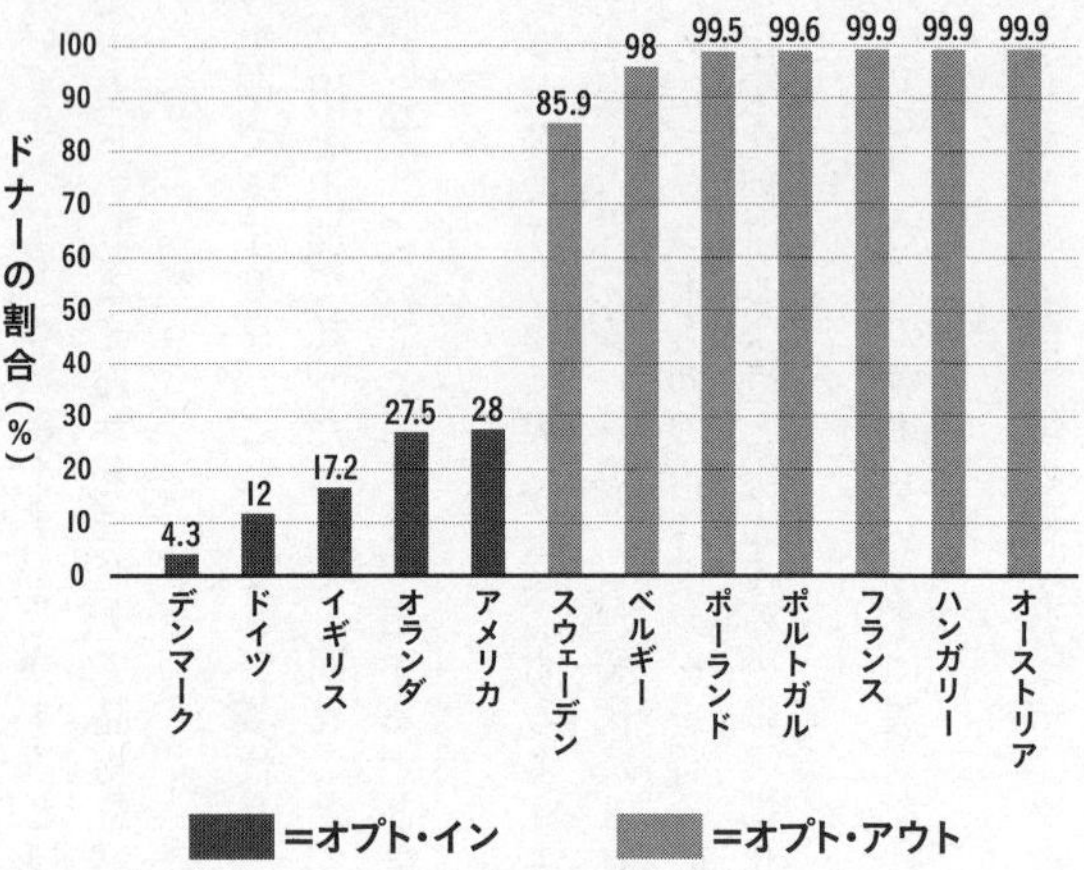

出典:ゲルト・ギーゲレンツァー『なぜ直感のほうが上手くいくのか?』より

ドイツと、99・9%のオーストリアは民族も言語も文化も同じなのです。

この謎を解く鍵は、「デフォルト（初期設定）」にあります。

ドイツなどの国々は、日本と同様に、臓器提供を希望するひとがドナーに登録する方式（オプト・イン）を採用しています。それに対してオーストリアなどの国々は、臓器提供をしたくないひとが登録名簿から名前を外す方式（オプト・アウト）です。

オプト・インでもオプト・アウトでも本人の意思が尊重されることは同じです。それにもかかわらず結果に大きなちがいが生じるのは、私たちが無意識のうちに「デフォルトを変えない」という選択をしているからです。

デフォルトが「臓器提供しない」であれば、ドナーになるにはわざわざデータセンターに登録しなければなりません。これはたんに面倒くさいだけでなく、心理的にもかなりの抵抗があります。

私たちは、「想像したことは現実化する」と（無意識に）思っています。これはふつう「夢はかなう」といわれるのですが、それが悪夢でも同じことです。臓器を提供するのは自分が死んだときですから、ドナー登録すること自体が不幸を招き寄せる（縁起が悪い）と感じられるのです。日本のドナー登録率が欧米諸国と比べても極端に低いのは、この心理的な障害のためでしょう。

それに対して「臓器提供する」がデフォルトになっていると、ドナーから外れるにはデータセンターに申請して名前を外してもらわなければなりません。これは、別の意味で心理的な障害になります。

ほとんどのひとは、死んでしまえば臓器を摘出されようがそのまま火葬されようが同じことだと（合理的に）思っています。だったら他人の役に立ったほうがいいわけで、ドナーのリストから名前を削るのは、そんな自分が邪悪な（他人のことなどどうでもいい）人間だと認めるような気がするのです。

日本でもドナー登録をオプト・アウトにすれば、デフォルトを変えようとするひとはほとんどいなくなり、臓器提供の問題はたちまちのうちに解決するでしょう。

もっとも、臓器提供自体に反対するひとたちは、オプト・アウトが社会に悪影響を与えると主張するかもしれません。しかしこれも、科学的に検証可能です。

先に述べたように、ドイツとオーストリアはきわめて近い国です。ベルギーとオランダもそうですし、スウェーデンとイギリスにも大きな違いがあるようには思えません。さらにアメリカのドナー制度は州単位なので、オプト・インの州とオプト・アウトの州が混在しています。

これはいわば、先進国で臓器移植制度の大規模な社会実験が行なわれているようなものです。オプト・アウトが人間の尊厳を傷つけたり社会道徳を破壊するならば、客観的データからその証拠を見つけ出すことができるはずですが、これまでそのような研究はありません。

オプト・インとオプト・アウトで社会に対する影響に違いがないのであれば、どちらの政策が優れているかは明らかです。すべての社会問題を解決する魔法の鍵はないとしても、ヒトの進化論的なバイアスを利用して社会の厚生を大きく改善することは可能なのです（リチャード・セイラー／キャス・サスティーン『実践 行動経済学―健康、富、幸福への聡明な選択』日経BP社）。

(3) 価値観を多様化する

この本の最初に、ひとつの「正しい主張」に支配された社会よりも多様な「風変わりな意見」のある社会のほうが優れていることを述べましたが、複雑系の視点から多様性の恩恵を研究したスコット・ペイジは、同じバックグラウンドのひとたちが集まるよりも、価値観の違うひとたちが共通の目標に向かって協働したほうがずっとイノベーションが起こりやすい理由を数学的に証明しました（『「多様な意見」はなぜ正しいのか』日経BP社）。

ペイジは第二次世界大戦において、ドイツ軍の強力な暗号であるエニグマコードを解読するため、ロンドン郊外のブレッチリー・パークに集められた〝多様な〟ひとたちを例にあげています。

ドイツ海軍は高度な暗号システムを使って広範囲の軍事作戦を展開し、月平均60隻の補給船を撃沈していました。この暗号を解読することは、戦争の帰趨《きすう》を決める重大事だったのです。

このときイギリス（連合軍）は、ごく少数の暗号の専門家による特別チームをつくるのではなく、アメリカ、ポーランド、オーストラリアを含め、なんと1万2000人ものスタッフを集めたのです。そのなかには、数学者や技術者、暗号学者のほかに、言語の専門家、倫理学者、古典学者、古代史学者、さらにはクロスワードの達人までいたといいます。

なぜこのような奇妙な集団に未来を託したのか、その理由は単純です。優秀な数学者たちは数学的な暗号なら解読できるかもしれませんが、暗号化のキーにドイツの古典文学が使われていたらそこで頓挫してしまいます。このようなリスクを避けるためには、いろいろなことを知っているひとたちを大量に集める必要があったのです。

ブレッチリー・パークの多様な集団は、エニグマコードを2度解読するという大きな成果をあげます。異なる価値観を組み合わせることが、解読不能の暗号を解読するという〝奇跡〟を生んだのです。

現代のブレッチリー・パークは、たとえばシリコンバレーです。そこではアメリカ国内だけではなく、インドや中国など世界じゅうから知的能力のきわめて高いひとたちが集まって、「誰も見たことのない」技術やサービスを生み出すために鎬《しのぎ》を削っています。

90年代末には日本でも、経済産業省の主導で「シリコンバレーに匹敵するITの拠点をつくる」というプロジェクトが多額の税金を投入して行なわれましたが、なんの成果もあげられずいまでは悪い冗談でしかありません。同じ大学で同じ教育を受けた人間が集まって知恵を絞っても、シリコンバレーの多様性が生み出す爆発的なイノベーションに対抗できるわけがないのです。

知識社会において、多様性の欠落した日本企業が敗北していくことは、いまや否定し難い現実として目の前に突きつけられています。ソフト（OS）もハード（CPU）もデファクトスタンダードはマイクロソフトやインテルに独占され、グーグルの検索連動型広告やフェイスブックのSNSなどに匹敵する新しいサービスは生み出せず、自慢のモノづくりでもアップルのはるか後塵《こうじん》を拝している有様です。シリコンバレーにあって日本企業にないもの、それが多様性なのです。

多様性が重要なのは企業だけではありません。都市経済学者のリチャード・フロリダは、サンフランシスコやボストンなど、ゲイが集まる都市にハイテク産業が集中する一方、アメリカ南部（バイブルベルト）の同性愛者に不寛容な地域が経済的に停滞していることを発見しました。発展する都市は同性愛者だけでなく、移民やボヘミアン（芸術家）などを寛容に受け入れ、彼らが生み出す多様性に魅かれて教育水準の高いひとびとが集まってきます。だからこそ、質の高い従業員を求めるハイテク産業はリベラルな都市に本拠を構えるのです（『クリエイティブ資本論―新たな経済階級の台頭』ダイヤモンド社）。

こうした知的労働者を、フロリダはクリエイティブクラスと呼びます。21世紀は、ロンドンやパリ、東京、上海を含め、国際都市がクリエイティブクラスを獲得する激しい競争を行なう時代です。そこで決定的に重要なのも、多様性なのです。

もちろん価値観の多様性は無条件で素晴らしいものではありません。アメリカのような移民社会を見ればわかるように、人種や宗教、文化的背景の異なるひとびとが集まることで社会の軋轢《あつれき》は確実に増していきます。しかしこうした多様性のコストを支払ったとしても、上手に設計された社会や組織はそれをはるかに上回る恩恵を受けることができるのです。

このことは、知的能力が個人の資質というよりも環境（ネットワーク）に大きく影響されることを示唆しています。ブレークスルーを見つけるためには、自分と価値観のちがうひとたちと出会い、彼らと意見を交わし、共にゴールを目指さなければなりません。仲間同士でつるむのは快適かもしれませんが、それはもっとも反知性的な環境なのです。

おせっかいな自由主義

アメリカでは、強欲なグローバル資本主義によって、1%の超富裕層と99%の貧困層に社会が二極化したといわれています。しかし市場が複雑系のネットワークなら、強欲であろうとなかろうと、市場が拡大するにつれて富が特定のハブに集中していくのは避けられません。

実際、アメリカの所得分布はインターネットのアクセス数の分布とほぼ同じです。だとしたら経済格差は資本主義の失敗ではなく、市場の公平さと効率性の証明ということになります。

インターネットにおけるアクセスの集中と社会における富の集中を同列に論じることはできませんが、市場のハブを壊せば経済の効率性を大きく損なうのは間違いありません。ヤフーを閲覧禁止にしたり、グーグルの検索に回数制限をつけてネットの世界を〝平等〟にしても、なにひとついいことがないのと同じです。

〝良心的〟なひとたちはきっと同意しないでしょうが、平等で小さな経済よりも、不平等で大きな経済のほうがみんなが幸福になれます。いまでは誰もが80年代を懐しみますが、バブル経済とは、日本人が平均してゆたかになったのではなく、不動産を保有する一部のひとたちに莫大な富が集中したきわめて不平等な時代でした。「格差社会」が自由経済の本質であるならば、それを道徳的に非難してもあまり意味はありません。資本主義を否定してこころのゆたかさを説くのは立派ですが、それを徹底すればオウム真理教になってしまいます。もっとも現世の汚濁から隔離されたサティアンの中でも、信者たちは尊師の寵愛《ちょうあい》や教団内の地位をめぐって激しく嫉妬《しっと》し合っていたわけですが。

これまでの政治思想では、すべてを市場の「見えざる手」にまかせ、国家の介入を最小限にとどめる自由主義（リバタリアニズム）と、国家が市場を管理・運営すべきだと考える官僚主義（パターナリズム）が対立してきました。しかしいま、ゲーム理論や行動経済学を活用し、進化によって生じたさまざまな認知上のバイアスを利用することで、ひとびとの行動をより良い方向に誘導（ナッジ）していく新しい政治思想が生まれています。これは「リバタリアン・パターナリズム（おせっかいな自由主義）」と呼ばれていますが、いわば「進化論的リバタリアニズム」の立場です。

進化の産物である私たちは、進化によって与えられた制約の外側に理想社会を築くことはできません。だとすれば、現代の進化論の不愉快な知見をすべて受け入れたうえで、人生を設計し、社会をつくっていくしかないのです。

あとがき

本書は、『週刊プレイボーイ』に連載した「そ、そうだったのか!? 真実のニッポン」を再構成するとともに、前後に長いプロローグとエピローグを加えて一冊にまとめたものです。

『週刊プレイボーイ』の連載が始まったのは東日本大震災と福島第一原子力発電所の事故の直後で、いきおい日本の政治をテーマとすることが多くなりました。それ以降も、原発問題やいじめ自殺、尖閣問題など、大きな議論を呼んだ事件を扱っています。

3・11以降、私は『大震災の後で人生について語るということ』（講談社）、『(日本人)かっこにっぽんじん』（幻冬舎）という2冊の本を書きました。それはちょうど、このコラムの執筆時期とも重なっていて、「日本」や「日本人」について考えることが多かったからでもあります。

プロローグに書いたように、本書のアイデアは、「日本の問題を進化論の視点から考えてみる」というものです。一部には意図的に戯画化（カリカチュア）したものもありますが、いずれもできるだけマスメディアの（主流派の）論調とは異なるものになるようにしたつもりです。

『週刊プレイボーイ』連載のコラムは、編集部の好意で、私の個人ブログを含むいくつかのインターネットサイトでも読むことができます。テーマによってはたくさんのコメントがつくこともあり、本書の制作にあたっても参考にさせていただきました。現在は、ヤフーニュースにも配信しており、こちらはフェイスブックからコメントできます。

ここで扱ったテーマの多くは、原理的に解決不能な問題です。いじめ自殺にせよ、領土問題にせよ、生活保護や社会保障問題にせよ、これからも繰り返し私たちの前に立ち現われることになるでしょう。私たちはそうした〝不愉快な出来事〟に耐えつつ、少しずつ制度を変えていくことで、目の前の小さな悲劇や不正義を解決していくしかありません。しかしこれはたんなる悲観論ではなく、すくなくともミクロの（小さな）問題であれば、現代の科学はそれを解決する方法を提示できるところまで進歩した、ということでもあります。

9回裏のサヨナラ逆転満塁ホームランを求めるひとは納得できないかもしれませんが、ここにこそ私たちの「希望」があるのです。

２０１２年　11月

橘　玲

文庫版あとがき

『週刊プレイボーイ』編集部から連載の依頼があったのは2011年のはじめで、私にとってははじめての週刊誌連載だったこともあって逡巡しているうちに、東日本大震災と福島第一原発事故が発生しました。連載開始はそれから2カ月後の5月23日発売号ですから、いまからちょうど5年前になります。日本を襲った未曾有の震災と原発事故はようやく落ち着きを見せはじめていましたが、政権を担っていた民主党と菅直人首相には強い逆風が吹いていました。

2011年9月、見苦しい党内抗争の末に菅首相が退陣すると野田佳彦政権があとを継ぎますが、民主党の支持率は低迷をつづけます。野党・自民党では12年9月の総裁選で安倍晋三元首相が新総裁に選出されました。

この時期、野田首相や安倍総裁以上に注目を集めたのが、弁護士出身で2008年に大阪府知事となった橋下徹氏です。大阪都構想実現のために11年11月に大阪市長に転身すると、12年9月には「日本維新の会」を発足させて国政に名乗りをあげ、まさに「ハシズム」の絶頂期でした。

同じ12年9月、野田政権は尖閣諸島の国有化を断行し、これに反発した中国国内で反日デモが暴徒化します。世界に目を向ければ、11年9月に「1％の富裕層と99％の貧困層」をスローガンに「ウォール街を占拠せよ」の運動が始まり、「格差」が大きな社会問題として意識されるようになりました。

本書に収録したコラムは２０１２年10月までですから、震災から安倍政権成立前夜までの、日本の政治・社会の混乱期にあたります。とはいえ、私は政治学者でも評論家でもありませんから、次々と起こる事件や出来事を論評するにあたって、〝プロ〟とはちがう視点を提示できなければコラムを書く意味がありません。そこで思いついたのが、日本の政治や社会を「進化」の視点で読み解くという試みです。

なぜここで進化が出てくるのか、戸惑う方もいるでしょう。ＮＨＫの人気番組『ダーウィンが来た！』のように、日本では進化論は生き物の不思議を研究する学問だと思われているからです。

生き物のなかにはもちろんヒトも含まれます。樹上生活からサバンナに降りて直立歩行を始めた人類の祖先が体毛を失った理由（日中、長時間歩くには効率的な発汗システムが必要）から、なぜ腰痛や四十肩に悩まされるひとが多いのか（ヒトの骨格はいまだに四足歩行の名残を残している）まで、ヒトの身体や生理についてのさまざまな疑問を進化の歴史で説明できることを知っている方もいるでしょう。

ここまでは「世界は神によって創造された」と信じる一部のひと以外には当たり前の話かもしれませんが、1980年代になると進化論は新しい分野に拡張されていきます。これが「現代の進化論」で、進化心理学者は次のように主張しました。

身体だけでなく、ひとのこころも進化によってデザインされた。

リチャード・ドーキンスは『利己的な遺伝子』（紀伊國屋書店）で、すべての生き物は「遺伝子の乗り物（ヴィークル）」だと述べました。進化論は「与えられた環境のなかでもっとも効率的に遺伝子を複製できた生き物が種を存続させてきた」という理論ですが、これは「遺伝子が自己を複製するために生き物を利用している」ということでもあります。生き物の目的は生殖によってできるだけ多くの子孫を残すことだという〝遺伝子中心主義〟では、私たちが笑ったり、泣いたり、怒ったりする感情も、長い進化の歴史のなかで、敵からなわばりを守ったり、異性を獲得したり、子どもを養育したりするよう最適化されているのです。

こうした考え方は神経を逆なでするでしょうが、いまでは脳科学や動物学（とりわけ人類の近縁種であるチンパンジーなど霊長類の研究）と融合し、人間の行動を理解する標準的な科学の枠組みになっています。しかし当時は(そしていまも)、こうした視点から社会や政治・経済を論ずるひとは日本にはほとんどいなかったので、週刊誌のコラムで実験的にやってみようと考えたのです。

現在から振り返って、その時々の分析が当たっているかどうかを読者が判断できるよう、文庫化にあたっては、執筆時期などを明示するほかオリジナルには手を加えないようにしました。現代の進化論はひとのこころや人間社会を理解する普遍的な原理なので、この試みがうまくいっているならば、5年前の出来事の記述をいま読み返しても同じ説得力を持っているはずなのです。

最初は「半年つづけられれば上出来」と考えていた『週刊プレイボーイ』の連載ですが、幸いなことに240回を超える長期連載になりました。

『バカが多いのには理由がある』は、安倍政権が誕生して以降の2012年11月~14年5月までのコラムを集めた本書の続編です。この時期は嫌韓・反中など日本の右傾化や、ブラック企業が象徴する日本社会の格差・貧困に注目が集まりました。

最新刊の『「リベラル」がうさんくさいのには理由がある』が扱うのは2016年4月までで、安倍政権による安保法制(集団的自衛権)に反対するデモが「民主主義を守れ」と国会議事堂前を埋め尽くし、戦後日本の「リベラル」を代表してきた朝日新聞が、従軍慰安婦問題や福島原発事故の誤報で謝罪するというエポックメイキングな事件が起きました。本書を気に入ってもらえたなら、ぜひこの2冊も手に取ってみてください。

本書をきっかけに現代の進化論に興味を持たれた方は、『「読まなくてもいい本」の読書案内』（筑摩書房）で、複雑系、ゲーム理論、脳科学、功利主義などと合わせた「知のパラダイム転換」を紹介しています。こうした新しい知が突きつける不愉快な真実を知りたい方は、『言ってはいけない　残酷すぎる真実』（新潮新書）をお読みいただければと思います。

２０１６年　５月

橘　玲

集英社文庫

不愉快《ふゆかい》なことには理由《りゆう》がある

2016年 6 月30日 第 1 刷
2021年 3 月14日 第 3 刷

定価はカバーに表示してあります。

著 者 橘《たちばな》 玲《あきら》

発行者 徳永 真

発行所 株式会社 集英社
東京都千代田区一ツ橋2-5-10 〒101-8050
電話 【編集部】03-3230-6095
【読者係】03-3230-6080
【販売部】03-3230-6393(書店専用)

印 刷 凸版印刷株式会社

製 本 凸版印刷株式会社

フォーマットデザイン アリヤマデザインストア　　マークデザイン 居山浩二

本書の一部あるいは全部を無断で複写複製することは、法律で認められた場合を除き、著作権の侵害となります。また、業者など、読者本人以外による本書のデジタル化は、いかなる場合でも一切認められませんのでご注意下さい。

造本には十分注意しておりますが、乱丁・落丁(本のページ順序の間違いや抜け落ち)の場合はお取り替え致します。ご購入先を明記のうえ集英社読者係宛にお送り下さい。送料は小社で負担致します。但し、古書店で購入されたものについてはお取り替え出来ません。

© Akira Tachibana 2016 Printed in Japan
ISBN978-4-08-745462-8 C0195